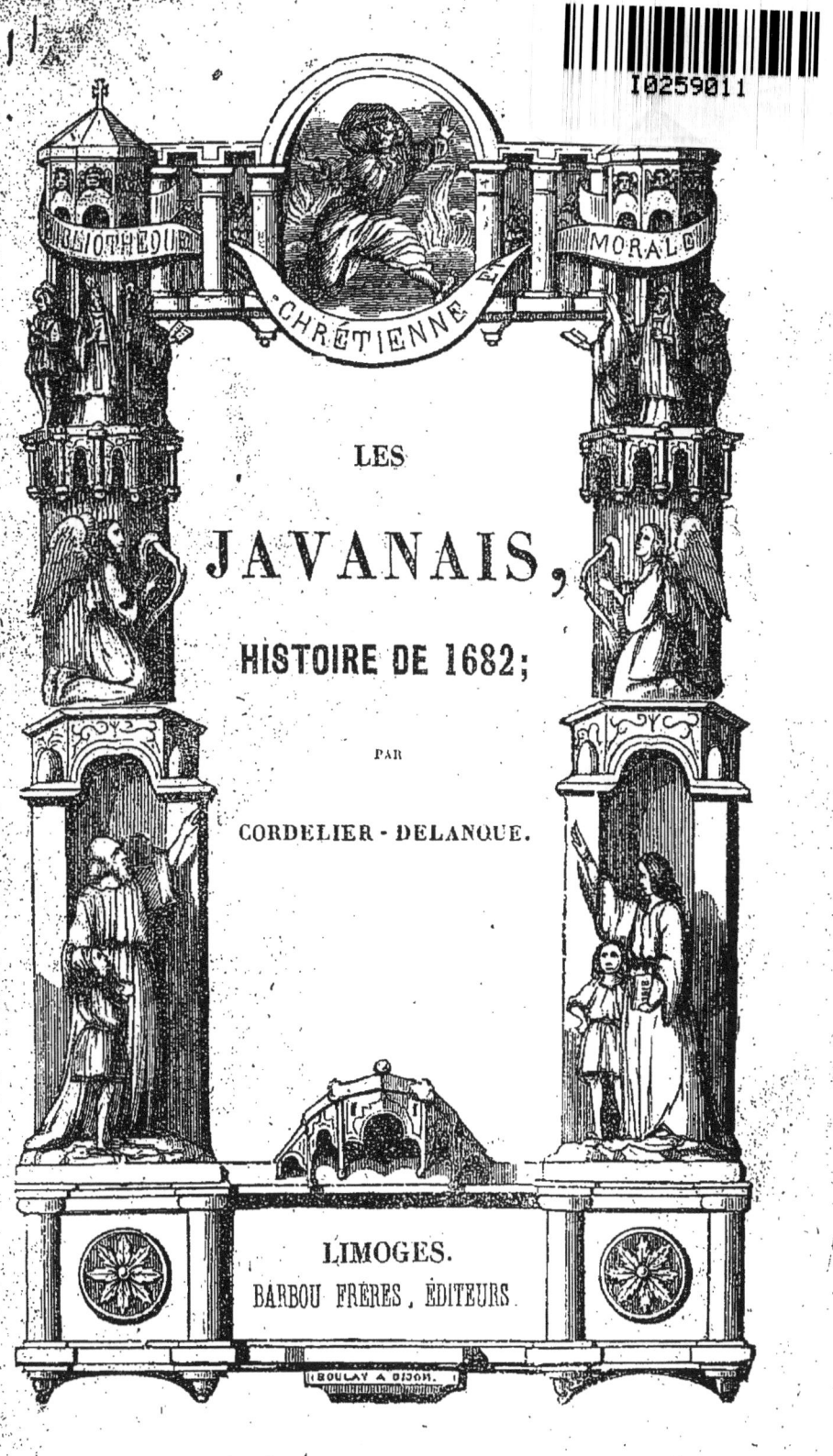

BIBLIOTHÈQUE
CHRÉTIENNE ET MORALE,
APPROUVÉE
PAR MONSEIGNEUR L'ÉVÊQUE DE LIMOGES.

Tout exemplaire qui ne sera pas revêtu de notre griffe, sera réputé contrefait et poursuivi conformément aux lois.

LES

JAVANAIS.

Anderson se jetta à genoux, et joignant les
mains en signe d'action de grâces....

LES JAVANAIS

PAR
M. CORDELIER DELANOUE

père, mon père ! Je suis Chrétien. P 156.

à Limoges
chez BARBOU FRÈRES, LIB.ʳᵉˢ

LES
JAVANAIS,

HISTOIRE DE 1682;

PAR

M. CORDELLIER-DELANOUE.

A LIMOGES,

CHEZ BARBOU FRÈRES, IMP.-LIBRAIRES.

—

1845.

I

MADJAPAHIT.

C'est au milieu des immenses forêts de tecks qui s'élèvent le long du fleuve Kédiri, qu'était située la célèbre ville de Madjapahit, ancienne capitale de l'empire javanais, dans les temps de sa plus grande splendeur : Madjapahit, dont le nom signifie *tristesse*, *amertume*, et qui fut nommée ainsi par son premier fondateur, Râden-Tandouran, lorsque ce prince, vaincu et poursuivi par son frère Baniak-Wedi, s'enfuit avec trois serviteurs fidèles, et se dirigea vers l'est jusque dans le district de Wirasaba. Exténué de fatigue, il mangea le fruit d'une plante qu'il trouva d'une grande amertume, et demanda à l'un de ses serviteurs pourquoi ce fruit était si amer.—«J'ai entendu dire, répondit celui-ci, que vos ancêtres ont combattu ici dans la guerre sacrée de Brâta-Youddha.—«Alors le prince leva les yeux au ciel et prononça lentement ces paroles : « Nous bâtirons dans ce lieu la capitale de notre royaume, et nous l'appellerons Madjapahit ! » Ainsi s'éleva la ville superbe qui a commandé près de deux cents ans à toute l'île, qui a été dépositaire de la couronne des sultans jusqu'à la fin du quinzième siècle; qui avait pour tributaires les rajahs de Mangkassar, de Goa, de Banda, de Timor, de Ternate, de Céram, de Bornéo, de Soumadra ; qui couvrait de temples et de palais un espace de plusieurs milles, et qui, aujourd'hui, rasée au niveau de l'herbe, couverte d'arbres et de marais, enfouie dans un amas de décombres, n'a plus rien de grand que sa ruine, de glorieux que sa mémoire, de sublime que son nom.

La fondation de Madjapahit remonte à l'an 1221 de l'ère indoue de Salivana, selon une des versions les plus accréditées de l'histoire de Java. Cette époque correspond à l'an 1298 de l'ère chrétienne.

Nous rapporterons à l'ère vulgaire toutes les dates que nous aurons à exprimer dans la suite de ce récit, afin de donner plus de clarté à notre narration.

C'était dans les premiers mois de l'année 1682. Madjapahit, à cette époque, était déjà, depuis long-temps, silencieuse et oubliée, comme elle l'est aujourd'hui. Deux siècles avaient passé sur sa chute, et chacune de ces deux cents années lui avait apporté son injure. A la place d'une ville, on voyait s'étendre au loin cette vaste forêt de tecks dont nous avons parlé en commençant : forêt impénétrable, coupée de flaques d'eau dormantes, et semée de quartiers de roches; çà et là des tronçons de colonnes mutilées, des assises de pilier, restées debout, d'énormes entablemens renversés, des débris de portes, des piédestaux destinés à des statues de géans; tout cela verdi, rongé par le temps, tout cela couvert de mousses et de buissons. Une des merveilles les plus citée, de l'ancienne Madjapahit, son étang, où nageaient les poissons les plus monstrueux, n'était plus, à l'heure où nous parlons, qu'une vaste clairière hérissée de plantes épineuses, et encombrée de ruines rougeâtres, quelques-unes à fleur du sol et indiquant à l'œil les sinuosités d'un mur de brique dont il reste à peine les fondemens.

Parmi tous ces débris, au milieu de ces hautes touffes d'arbustes sauvages, un homme était assis, immobile, dans l'attitude de la contemplation et de la rêverie. Cet homme, que l'exiguité de sa taille et la nuance jaunâtre de son teint faisaient aisément reconnaître pour un Javanais de race indigène (bhoumi), portait le sarong, costume ordinaire du peuple, pièce d'étoffe assez semblable à un sac sans fond, et qui se drape autour du corps comme la tunique grecque; le sabouk, sorte de veste large à manches courtes, à raies vertes et bleues, et le chelana, pantalon également rayé, retenu et plissé aux chevilles par une agrafe. Sur ses épaules flottait une longue chevelure noire et lustrée, indice de noblesse ou de distinction quelconque chez un peuple qui porte habituellement les cheveux courts ou tournés sur le sommet de la tête et retenus avec un peigne ou un mouchoir roulé en forme de turban. Il avait, suivant l'usage, le kriss passé à droite, dans la ceinture, et, outre cette première arme, le couteau, appelé wedung, que les Javanais de classe supérieure portent au côté gauche. Ce poignard et ce coutelas ont leurs signification : ils indiquent que la personne ainsi armée est prête à couper les arbres et l'herbe au premier ordre que lui en donnera son souverain. A ce costume moitié civil moitié guerrier, se mêlaient quelques attributs de chasse, un épieu, un tube en fer, espèce de sarbacane, un arc et une trousse de flèches. L'arc et les flèches étaient tombés à terre, à côté du chasseur. Il ne semblait occupé que des pierres brisées, des vestiges épars, des simulacres étranges qui l'entouraient. Quelquefois un soupir soulevait sa poitrine; alors il passait sa main sur ses yeux à demi-fermés, et prononçait à voix basse quelques mots sans suite. Quelquefois il se levait, faisait dix ou douze pas, à moitié courbé vers la terre, puis revenait s'asseoir et reprenait sa première immobilité. Une fois il regarda autour de lui avec une sorte d'impatience. Le soleil commençait à descendre sur l'horizon. Les insectes bruissaient dans les grandes herbes, dans les fougères touffues. L'iguane et le lézard, le caméléon et le jekko montraient leurs têtes vives aux fentes de chaque pierre, et allaient chercher la fraîcheur dans les mousses hautes d'un pied. On entendait par instans retentir la voix stridente de la cigale qui sonne de la trompette, et le cri rauque et guttural de la blatte kakerlagor. Mais tous ces bruits se mêlaient, se confondaient dans un si complet unisson, que le calme de la solitude n'en était pas troublé.

Tout-à-coup, à quelque distance de notre chasseur, et au milieu des ruines surgit une forme humaine. A cette vue, il quitta ses flèches, son arc, son épieu, et marcha droit au nouveau venu, qui était un vieillard, à barbe grise, vêtu d'une robe de laine; et coiffé d'un feutre à larges bords.

Lorsqu'il fut arrivé auprès du vieillard, le jeune chasseur ouvrit une petite boîte pleine de bétel, qu'il lui présenta. Mais l'étranger fit un geste de refus.

— C'est vrai, dit alors le chasseur. J'oubliais que nos usages ne te sont pas connus, et que les Européens tiennent à honneur de conserver leurs dents blanches. Les nôtres sont noires comme celles de Cali, la noire déesse; et c'est la seule coutume qui nous reste de nos aïeux. Appuie-toi sur mon bras, mon père, et viens t'asseoir sur notre vieille ville écroulée. Nous chercherons ensemble le sens caché des pierres écrites!

Le chasseur prit le bras du vieillard, et le conduisit à la place qu'il avait quittée pour aller à sa rencontre. Cette fois ce fut l'étranger qui s'assit. Le jeune homme resta debout, appuyé sur son épieu, qu'il avait ramassé.

» Je t'aime, mon père, lui dit-il encore, après un moment de silence : je t'aime, comme si j'étais ton fils, parce que tu as le cœur noble et bon, et que tu m'as permis de changer de nom avec toi. Pendant une heure je me suis appelé Anderson, tandis que tu consentais à prendre mon nom, Djelma-Bessar, qui signifie « homme grand »... tu le sais...

Le chasseur sourit en prononçant ces mots, et, se regardant lui-même de la tête aux pieds, fit remarquer à l'étranger la petitesse de sa taille.

» Que mon nom dise ce que je suis ou ce que je voudrais être; qu'il soit un présage sérieux pour l'avenir ou une moquerie cruelle pour le présent, je le porte avec joie, puisque tu l'as porté, et je le donnerai à mon fils, si le ciel m'accorde jamais un fils. O vieillard ! c'est une existence bien fugitive et bien agitée que celle du chasseur ! C'est une vie bien misérable à traîner que la nôtre ! Mais, par ces temps de lâchetés et de trahisons, par ces temps de mensonge et d'impiété, où se réfugier, si ce n'est dans la solitude ? Quelle profession embrasser, si ce n'est celle que j'ai choisie ?...

Le vieillard écoutait le chasseur sans l'interrompre, et le regardait avec une indicible expression de bienveillance.

Djelma reprit :

» Regarde où nous sommes ! Là florissait Madjapahit, la noble ville, capitale de Java lorsque Java était libre et victorieuse. On pouvait dire alors de notre pays ce que le poëte inspiré dit de Rawana, le géant de Lanka : — « Terrible il bon-
» dit sur la terre. Il prend son essor. Sa course
» est rapide comme celle du faucon qui plonge
» sur la colombe... Sa voix est formidable ; il dé-
» fie à la fois tous ses ennemis ! » — Dans ce temps-là, c'est ici que venaient, en grande pompe de chariots et de serviteurs, les rajahs des con-

trées voisines. Ils n'envoyaient point leurs ambassadeurs; — ils venaient eux-mêmes... — Un jour...

Ici le front de Djelma-Bessar se rembrunit...

» Un jour, il y a de cela près de trois cents ans, jour de malheur pour notre île! un de ces rajahs, celui de Chermen, aborda nos rivages, du côté de l'Est, et abrita ses pirogues dans le port de Grissé. Cet homme était mahométan! Je ne sais quel lien de parenté existait entre lui et le célèbre cheik Ibrahim-Moulana, venu d'Arabie, et dont le tombeau est ici près, à Chériboun... (Le tombeau de l'imposteur, voisin de nos ruines sacrées! quelle souillure!) La première pensée du rajah, en mettant le pied sur cette terre, fut de convertir à sa religion le roi de Madjapahit et jusqu'au dernier de ses sujets. Cet étrange visiteur se présenta en conquérant. Nos traditions rapportent qu'à leur première entrevue, le roi de Madjapahit et le rajah de Chermen se saluèrent. Celui-ci offrit à notre souverain une grenade au fond d'une corbeille. Accepter ce présent, c'était reconnaître l'autorité de celui qui l'apportait : c'était se convertir. Le roi craignit de refuser, et ouvrit la grenade qui était pleine de rubis!... Dès ce moment, notre honte fut consommée, la foi de nos aïeux abandonnée;... le culte de Brahma, dieu du feu, de Wichnou, dieu des rivières, le culte de Siva, maître universel, fut délaissé pour celui de Mahomet. Telle fut l'origine de notre servitude et de nos misères... Telle est la cause de toutes ces ruines!

En achevant ces mots, Djelma le chasseur promena tristement un long regard autour de lui.

Ses lèvres frémissaient d'indignation ; son front, naturellement pâle, s'était coloré d'une rougeur subite. Sa main se crispa sur l'épieu dont elle était armée...

» Et à la suite de cette odieuse conversion, ajouta-t-il, est venue la conquête! Après l'asservissement de l'âme, l'asservissement du sol! après l'apostasie, l'esclavage! Cela devait être : les semences de la grenade étaient fécondes ; elles ont porté leurs fruits !

— Au moins conviendrez-vous, mon cher fils, dit indulgemment le vieillard, que ces graines ont été longues à germer ! Il a fallu plus de deux cents ans d'intervalle pour que les pirogues de Chermen amenassent ici les vaisseaux de la Hollande... Et qui vous dit que la prise de Djakatra (1) par les Hollandais ait été la conséquence du débarquement de Grissé? Non! non! ne liez pas entre eux des événemens si divers et si éloignés l'un de l'autre ; comme aussi ne confondez pas tous vos ennemis dans une même malédiction, ou, mieux encore, ne maudissez personne. Les hommes sont frères. Les compartimens de la grenade renferment tous la même graine. Le sang humain est rouge dans toutes les veines : souvenez-vous de cela.

Djelma-Bessar regarda Anderson avec étonnement. Il semblait ne pas comprendre ce langage, si nouveau et si étrange; la théorie du pardon lui était complètement inconnue.

---

(1) Batavia.

— Je ne regarderai jamais comme mes frères, dit-il enfin après une longue pause, les hommes impies qui sont venus riser les statues de mes dieux. Je n'appellerai jamais du nom de frères les hommes pervers qui nous ont apporté leur industrie et leur corruption, et qui ont élevé leurs comptoirs de marchands sur les ruines de nos palais et de nos temples. J'ai mon épieu pour frapper les bêtes fauves ; j'ai mes flèches pour atteindre au cœur de mes ennemis ; j'ai mon horreur et mon mépris pour écraser les traîtres et les apostats...

Le vieillard, qui semblait connaître assez notre chasseur pour ne pas s'étonner de la véhémence de ses discours, ne répondit pas un mot à celui-ci. Il se contenta de sourire en fermant les yeux et en hochant doucement la tête.

Un assez long silence s'établit entre nos interlocuteurs.

— Mon ami, dit à la fin Anderson, en indiquant du bout de son bâton un énorme bloc de pierre, tout verdi de mousse, qui formait comme un monticule à quelques pas de lui, essayez donc de déchiffrer les emblèmes effacés que je crois voir d'ici sur cette masse informe... Vous me rendrez service, car j'ai déjà longuement rôdé dans ces environs ; la fatigue m'a pris, et je sens qu'il me restera tout au plus assez de forces pour gagner le gîte où nous devons passer la nuit.

Djelma-Bessar s'approcha du bloc monstrueux qui lui était désigné par le vieillard, et reconnut que c'était la tête d'une de ces statues colossales que les prêtres de Bouddha plaçaient en sentinelle à l'entrée de leurs temples. Ces immobiles gardiens étaient agenouillés et s'appelaient *Réchas* (portiers du temple). Une large épée était suspendue à une ceinture, leur seul vêtement. Ils avaient la bouche ouverte et fort grande. Leur main droite s'appuyait sur une masse octogone; leur main gauche étreignait un serpent roulé. Autour des bras d'autres serpens se tordaient en forme d'anneaux. Ces images massives étaient taillées avec un soin extrême et une grande finesse de détail. Le fragment devant lequel Djelma-Bessar était arrêté pouvait avoir de trois à quatre pieds de haut : proportion gigantesque et qui donne une idée de la hauteur totale de la statue.

La vue de cette tête mutilée ne fit qu'augmenter la tristesse de Djelma. Il se tourna vers Anderson, et lui dit, en étouffant un soupir :

— Ici était bâti un temple, sans doute, puisque voilà une des figures agenouillées qui le gardaient. Hélas! la statue, quoique mutilée, a survécu à l'édifice. Le temple a disparu ; le gardien est resté. Pauvre *Récha*! les ennemis de Dieu ont mis en défaut ta vigilance. Que n'as-tu disparu avec les croyances et les monumens de nos pères! Tu ne serais pas exposé à de nouveaux outrages : tu ne servirais pas de retraite à la vipère verte et à la couleuvre impure!

Disant ces mots, notre chasseur écrasa, du fer de son épieu, la tête d'un reptile qui, sorti de dessous la pierre, s'approchait de lui en rampant.

» Ainsi soit écrasée la tête du dernier de ces infidèles! murmura-t-il sourdement, en s'éloignant du bloc mutilé.

» Mon père, ajouta-t-il, le sol que nous foulons est semé de souvenirs redoutables. Les images armées de nos dieux se dressent sur toute cette contrée. Cette partie de l'île qui s'étend de Chériboun jusqu'à Sourabaya est véritablement notre terre sainte. Obligés de fuir devant les soldats qu'on a disséminés à ma poursuite, forcés de chercher un refuge dans les lieux les plus inaccessibles, nous ne pouvions choisir de désert plus âpre et plus ignoré que celui-ci. Il nous a fallu faire un long détour pour gagner cette solitude, et cependant il nous tarde d'arriver au terme de ce voyage. Oh! que de fatigues j'aurais dû t'épargner! Il fallait me quitter, mon père, et poursuivre ta route.

— T'abandonner! interrompit le vieillard... M'abandonnerais-tu, toi?

— Jamais, répondit Djelma. J'ai lié mon dévouement au tien, et tous deux sont inséparables. Depuis Samarang, que nous avons quitté il y a quatre jours, jusqu'à Madjapahit, où nous sommes, mon assistance ne t'a pas fait défaut. Je t'accompagnerai ainsi jusqu'à Sourakarta, résidence de notre sultan. Sur la route je te montrerai les grands vestiges qui nous restent, je t'expliquerai le sens mystérieux des pierres écrites. Il n'est pas un coin de ce pays qui ne me soit familier, pas une caverne, pas un buisson que je n'aie fouillés dans leurs plus sauvages profondeurs. Nous visiterons, près de Brambanang, les Mille Temples, amas prodigieux de ruines; le palais de Kalassan, dont je t'ai parlé, et que surmontent d'énormes bouquets d'arbres venus dans les fentes des pierres. Tu connais Boro-Bodor aux quatre cents niches sculptées, vaste escalier de hautes murailles qui conduit au sommet d'une colline. Un jour nous gravirons ensemble le Mont-des-Dieux, notre mont sacré : lieu terrible où règne Dourga, la formidable déesse aux huit bras toujours menaçans. C'est là qu'il faut aller pour oublier la bassesse des hommes. Nous nous inclinerons tous les deux devant ce mont sublime, et nous y continuerons avec ferveur, toi tes études, moi mes prières !

Anderson écoutait avidement les paroles enthousiastes du chasseur. A l'indulgente compassion du cœur avait succédé en lui l'inquiète curiosité de l'esprit. Le vieillard ne songea plus à la fatigue du chemin. Il se sentit dispos et alerte, lorsque Djelma lui eut parlé de nouveaux travaux à entreprendre, de nouvelles ruines à explorer. La passion de l'archéologie se réveilla plus vive que jamais dans cette âme paisible, et, pour un instant, les pieuses pensées du missionnaire firent place aux studieuses rêveries du savant.

Cependant le soleil baissait de plus en plus, et les hautes tiges des bambous et des varinghins projetaient au loin leurs ombres démesurées.

Le chasseur fut obligé d'interrompre le vieillard qui écrivait rapidement sur des tablettes.

— Mon père, lui dit-il, il est temps de nous remettre en route. Le détour forcé que nous avons fait pour visiter ces ruines nous a fait perdre six heures au moins. Notre halte s'est prolongée jusqu'à l'heure des mauvaises rencontres. Regarde au couchant : les dragons volans se dessinent en noir sur les bandes pourpres de l'horizon : c'est le moment que choisissent les rakchasas et les djinns (1) pour se répandre dans la campagne. Fasse le ciel que leurs jalouses volées ne s'abattent pas sur notre chemin ! Si tu m'en crois, nous hâterons le pas, afin d'arriver plus promptement à notre gîte.

Djelma, tout en parlant, avait ramassé son arc et ses flèches. Il se rapprocha du vieillard lorsque ses apprêts de départ furent terminés, et lui offrit son bras pour le soutenir.

— Marche à côté de moi en t'appuyant ainsi, tant que tes pieds te porteront ; et quand tu seras fatigué, avertis-moi, mon père : je te chargerai sur mon dos comme un fardeau précieux. La loi de mes ancêtres ordonne le respect des demi-dieux et des sages ; elle nous prescrit d'honorer également les devas et les pandita (2).

Anderson accepta l'appui que lui offrait Djelma-Bessar; et tous deux s'éloignèrent rapidement dans la direction du Sud-Ouest.

Lorsqu'ils furent arrivés à un bouquet de bois de tamariniers qui devait leur faire perdre de vue les ruines de Madjapahit, le jeune chasseur se retourna, jeta sur les restes de la ville morte un regard d'adieu, et répéta lentement ces mots, tirés de la fameuse prophétie de l'inspiré Jaya-Baya, qui vivait en l'an 800 de l'ère javanaise :

---

(1) Esprits malfaisans : ce dernier mot *djinn*, est emprunté à l'idiôme persan. Les Malais connaissent aussi d'autres esprits nommés *Diouaïs*, lesquels répondent au *Dioutus* des Indous. Enfin ils ont les *Orang-alous*, c'est-à-dire, une classe d'hommes subtils, impalpables et invisibles, bienveillans et serviables dans l'occasion, qui ressemblent beaucoup à nos follets, sylphes, etc., et aux péris des contes orientaux.

(2) Les demi-dieux et les savans.

« Tant que la Makouta (la couronne d'or) de
» Madjapahit ne sera pas perdue, l'empire de
» Java ne sera pas détruit. »

— Hé bien! cette couronne d'or est-elle perdue ? demanda le vieillard.

— Pas encore, répondit le chasseur.

Et ils continuèrent silencieusement leur route.

II

COUP-D'ŒIL HISTORIQUE.

Tandis que nos voyageurs cheminent en se hâtant, venant, ainsi qu'on l'a vu, de Samarang, et se rendant à Sourakarta (trajet de quelques lieues qu'ils avaient considérablement allongé en parcourant le littoral du Nord, depuis Samarang jusqu'à Sourabaya, pour visiter dans cette dernière contrée les ruines de Madjapahit), il serait à propos que le lecteur prît un aperçu de l'Histoire de l'île de Java, depuis son origine, assez obscure, jusqu'à l'époque où commence ce récit. Ce préliminaire est indispensable.

L'opinion la plus accréditée attribue à des convulsions sous-marines la formation de cette terre, presque entièrement volcanique. Trois chaînes de montagnes la coupent dans toute sa longueur, et cette immense arête a trente-huit sommets bien distincts, parmi lesquels on compte quinze bouches de cratères. L'un de ces monts les plus élevés est le Mont-des-Dieux (Gounoung-Dieng), dont il est parlé dans le précédent chapitre, et qui est l'Olympe des Javanais. On l'appelle aussi Gounoung-Praho (Montagne-Proue), à cause de la forme de sa cime, qui ressemble à une barque.

Le premier nom de l'île fut Nousa-Kindang. C'est de Kalinga, ou plutôt Telinga (le seul pays de l'Inde que les Javanais désignent par son véritable nom), qu'ils assurent que leurs ancêtres reçurent leur religion. Cette assertion est, du reste, confirmée par le témoignage des brahmans de Bali. Il paraît en effet certain que cette terre fut originairement peuplée par une colonie indoue, et cette opinion doit prévaloir sur celle qui attribue aux Egyptiens la colonisation de Java. Au surplus, l'histoire proprement dite de ce pays commence à l'arrivée d'Aji-Saka le législateur, la première année de l'ère javanaise, qui correspond à la 76e de la nôtre. A cette époque, semi-fabuleuse, l'île, s'il faut en croire les annales malaises, était habitée par une race de rakchasas (mauvais génies). Le sage ministre d'un grand prince nommé Prabou-Jaya qui était de race divine, débarqua le premier sur ces côtes désertes, et découvrit le grain appelé jawa-wout (1), ce qui lui

---

(1) Espèce d'orge, c'est le *panicum italicum*.

fournit l'occasion de changer le nom de l'île, qui était Nousa-Kindang, en celui de Nousa-Jawa. Comme il s'avançait vers l'intérieur des terres, il trouva les cadavres gisans de deux rakchasas, tenant chacun une feuille : l'une était une inscription en pourwa (vieux caractères), et l'autre en siamois. Le ministre de Prabou les réunit pour en former les vingt lettres de l'alphabet javanais.

Nous passons sur les combats que le courageux ministre eut à soutenir contre les rakchasas, qu'il défit complètement, pour en venir aux tentatives de colonisation qui succédèrent. La première échoua : sur deux mille familles envoyées par un certain prince de Rom, la plupart périrent. Le reste s'en retourna. Ceci permet de croire à la possibilité d'un essai de colonisation romaine : le mot Rom, mentionné dès la première année de l'ère de Java, signifierait en ce cas ROME, ou l'empire romain, du temps de Vespasien. Cette supposition, faite par un historien, ne manque pas de quelque vraisemblance.

Vingt mille familles furent encore envoyées à Java par un puissant prince de l'Indostan. Elles s'y multiplièrent, en continuant de vivre dans l'état de nature jusqu'à l'année 289, époque à laquelle ces tribus se rangèrent sous l'autorité d'un chef ou prince nommé Kamo, dont le règne dura cent ans. Peu d'années après fut formée la principauté d'Astina, souche presque divine dont les rameaux ombragèrent la contrée sainte, et qui, transplantée à Kédiri (1), se bifurqua plus tard

---

(1) Vers l'an 800.

en deux nouvelles royautés, celle de Peng'ging et celle de Brambanang.

Ici commence une série de petits princes fort guerroyans, qui se termine à l'arrivée de l'usurpateur Aji-Saka, venu de pays étranger, et qu'on est autorisé à croire le même qu'Aji-Saka, le législateur, dont il a été parlé plus haut. Cet aventurier s'établit lui-même dans le pays en qualité de prince, et fit bâtir les Tchandi-Siwou, c'est-à-dire les Mille Temples de Brambanang, dont on voit encore les ruines entassées près du village de ce nom, entre les districts de Pajang et de Matarem.

Sur les débris de cette royauté nouvelle et bientôt morte, s'élevèrent quatre royaumes, savoir: celui de Jang'gala (1), dont le prince fut Ami-Louhour; celui de Kédiri, qui eut pour roi Lambou-Ami-Jaya; celui de N'garawan, gouverné par Lambou-Ami-Sesa; enfin, celui de Sing'a-Sari, dont le chef fut Lambou-Ami-Loueh. Ces quatre royaumes ne tardèrent pas à être réunis sous une même domination, celle du fils d'Ami-Louhour, qui se nommait Pandji-Souria, et dont le fils régna à son tour vers l'année 1200. A cette époque, le siége du gouvernement fut transporté de Jang'gala à Pajajarang.

Tout ceci est plein de confusion dans la chronique de ce temps. Ce sont des transmissions rapides de puissance, des échanges continuels d'hommes et de trésors, toujours venus de l'Inde; des

---

(1) Ou ville *du Chien*, nommée ainsi par son fondateur qui était passionné pour la chasse.

règnes agités, des morcellemens de royaume interminables.

Puisque nous voilà arrivés à l'an mille de Java, mentionnons, en passant, une tradition assez curieuse, qui date de cette époque. Il y est dit que les îles de Soumadra, de Java, de Bali et de Samboua étaient unies dans les temps reculés, et qu'elles furent séparées en neuf parties. Après trois mille ans de saisons pluvieuses, le chroniqueur assure qu'elles se réuniront de nouveau. (1)

Le fils d'Ami-Louhour fut ce célèbre Pandji dont les poètes ont si souvent déploré les malheurs, et à qui l'on attribue deux notables inventions : celle du kriss (poignard de famille), et celle du gamelan (2), instrument de musique.

C'est à ce règne qu'il faut rapporter les premières relations commerciales de la Chine avec l'île de Java.

Le fils de Pandji, qui eut la gloire de surpasser les exploits de son père, et qui, ainsi que nous venons de le dire, fonda la nouvelle capitale de Pajajarang, fut un prince agriculteur. Il soumit les buffles au joug, et introduisit la culture du riz dans les provinces orientales. De ses deux fils, l'un,

---

(1) La dernière partie de cette tradition s'accorde avec l'opinion de quelques géologues, qui pensent que loin d'être le résultat du morcellement de quelques anciennes terres, les îles de la Malaisie, de la Polynésie, etc., sont de formation nouvelle, et tendent à se réunir pour former un immense continent.

(2) Espèce d'orgue, composé de tuyaux de cuivre et de bambous. C'est l'instrument national, la musique favorite des Javanais.

le plus jeune, lui succéda. L'autre, parti pour le continent de l'Inde, en revint mahométan, avec le titre de hadgi (pèlerin qui a visité la Mecque), et ramenant avec lui un Arabe, appelé Saïd-Abas, qui essaya de convertir la famille royale. Cette tentative avorta, et le peuple indigné, maltraitant le renégat, le contraignit à se retirer dans une solitude, aux environs de Chériboun.

Telle fut la première introduction de l'islamisme sur la terre de Java : mais il n'en faut parler que pour mémoire, la véritable importation de ce culte n'ayant eu lieu que vers l'an 1300, sous le règne d'Angka-Wijaya, roi de Madjapahit.

Un criminel allait être mis à mort par les ordres de l'un des descendans de Pandji, lorsqu'il déclara que sa mort serait vengée par l'enfant qui naîtrait du prince. Pour faire mentir l'oracle, on enferma le nouveau-né dans une boîte qu'on jeta dans le fleuve Krawang. Un berger trouva la boîte, adopta et éleva l'enfant jusqu'à l'âge de douze ans, le nomma Baniak-Wedi, et l'envoya à Pajajarang, où il lui fit apprendre le métier de forgeron. Le jeune Baniak-Wedi devint si habile dans cet art, qu'il maniait le fer rouge avec les doigts. Appelé à la cour, sur le bruit de sa réputation, il vit le prince, son père, et lui offrit de construire une cage qui serait un chef-d'œuvre. La cage achevée, le prince y entra pour l'examiner. Ce fut sa perte : le jeune Baniak-Wedi, réalisant la prédiction, ferma la porte et fit jeter la cage dans la mer du Sud.

Roi par un parricide, Baniak s'affermit sur le trône en chassant son frère, qui pouvait lui contester ses droits. C'est ce frère, nommé Râden-

Tandouran, qui, battu et mis en fuite, s'enfonça dans le désert et fonda la capitale de Madjapahit.

Ce fut là un nouveau royaume, florissant dès son origine. Les populations, indignées de l'usurpation de Baniak, accoururent se ranger sous les ordres de Tandouran. Il y eut alors deux souverains rivaux, qui se firent la guerre et finirent par conclure la paix. Toutefois, Madjapahit devait tôt ou tard absorber Pajajarang. Le nouvel état devait l'emporter sur l'ancien ; c'est ce qui arriva : la domination générale de l'île appartint bientôt à Tandouran, qui changea son nom en celui de Browijaya.

Sous son successeur (Browijaya II), les manufactures d'armes furent perfectionnées, et les forgerons de Pajajarang fabriquèrent des armes damasquinées.

Nous voici arrivés, en enjambant à regret sur quelques règnes glorieux, à celui d'Angka-Wijaya, si célèbre par l'introduction du mahométisme dans l'île. Nous renvoyons le lecteur aux doléances de Djelma-Bessar à ce sujet, dans le premier chapitre.

Quelques années auparavant, le kriss royal, appelé poussaka, arme sacrée, avait disparu. La dextérité d'un habile forgeron le fit retrouver. C'était là, néanmoins, le signe d'une prochaine catastrophe.

Quelle catastrophe, en effet, pouvait être plus fatale à l'empire de Madjapahit, que ce débarquement de l'islamisme sur les côtes de l'Est ? Dès ce moment la prospérité de cet état alla de plus en plus s'amoindrissant. La nationalité javanaise fut perdue. Le faible Angka-Wijaya, qui avait accepté la grenade symbolique du rajah de

Chermen, ne tarda pas à se repentir de cette courtoisie fatale. Autour de lui, toute sa famille se fit musulmane. Rachmet, neveu de sa femme, fonda une nouvelle souveraineté à Ampel, près de Sourabaya, et se fit appeler Sousounan, (messager de Dieu,) titre que portèrent, par la suite, tous les empereurs de Java. Cette époque fut signalée par l'apparition d'une terrible épidémie qui ravagea tout le pays. Mais, outre l'épidémie, le malheureux Angka-Wijaya eut à combattre encore l'ambition envahissante de son premier ministre, lequel était noble, vaillant, et, de plus, invulnérable, disent les chroniques. Toutes les fois que le prince de Madjapahit recevait des rapports sur les victoires de ce ministre, ses alarmes croissaient. Plusieurs fois il lui confia des missions lointaines et périlleuses, espérant se débarrasser ainsi de ce dangereux serviteur; mais toujours le ministre revenait triomphant de ces expéditions, et son retour était forcément accompagné de nouvelles faveurs. De dignités en dignités, d'empiètemens en empiètemens, l'heureux favori en vint enfin jusqu'à épouser la fille de son maitre et à partager son trône.

Les guerres qui suivirent eurent toutes pour objet l'établissement du nouveau culte et l'extermination du bouddhisme. Il se forma une ligue puissante contre Madjapahit, et, après de longues alternatives de succès et de défaites, la ville fut prise. Le conquérant, Râden-Patah, fut déclaré le chef de la foi et le destructeur du paganisme. Ce nouveau chef (ou sultan) déposséda Madjapahit de son rang de capitale, et transporta à Demak le siége du gouvernement.

Ici se termine l'histoire de la période brahmanique proprement dite, et ce qu'il est permis d'appeler : L'AGE FABULEUX DE JAVA. Les faits qui suivent ont un caractère d'authenticité plus réelle. De la conquête des idées nous nous acheminons promptement à la conquête du sol. L'arrivée des mahométans nous présage le débarquement prochain des Hollandais.

Lorsque Madjapahit fut tombée, les princes des îles voisines respirèrent. Singhapoura (la ville du lion), Bornéo, Bali, Indragiri, d'autres encore, toutes ces îles, naguère vassales, se déclarèrent libres à la fois.

En 1421, Java tout entière ne formait qu'une seule souveraineté, entre les mains d'un seul chef musulman; mais comme, en ce pays, l'autorité tendait toujours à se fractionner, l'empire de Demak ne tarda pas à être partagé en deux dominations, qui correspondaient aux anciens états de Madjapahit et de Pajajarang. Les provinces de l'Est restèrent au sultan de Demak; celles de l'Ouest obéirent à Moulana-Ibrahim, qui prit le titre de sultan de Chériboun.

Ces deux royautés se subdivisèrent ensuite à l'infini, parce que les deux princes s'étaient réservé le droit de partager leurs héritages entre leurs enfans. Les escarmouches, les petites guerres intestines recommencèrent. C'était à qui se couronnerait de ses propres mains, à qui se décorerait du titre politique de kiaï-guédé (ou sultan) ou du titre religieux de sousounan. L'un de ces chefs improvisés fonda le nouvel état de Matarem et changea le désert de ce nom (l'ancien district de Mentok) en une belle et florissante contrée. C'est

2..

vers cette époque que les Portugais établirent des factoreries à Bantam.

Voici donc encore un nouvel empire établi avec les lambeaux de l'ancienne Madjapahit. Le fondateur de Matarem fut un homme entreprenant et courageux, qui, à l'instar de tant d'autres, avant de se faire chef, avait été ministre. Il est vrai qu'à ce titre de ministre (senapati, ou seigneur de l'armée), il joignait celui de fils de roi. C'est à ce règne qu'il faut rapporter la construction du premier palais impérial (kraton (1), ou palais fortifié): véritable citadelle couvrant la superficie d'une ville, et dans laquelle on pouvait loger une armée. La translation du siége de l'empire à Matarem date de l'an 1576 de l'ère vulgaire.

Mais l'éclat du règne de ce nouveau fondateur devait être le dernier rayonnement de la gloire javanaise à son déclin. Après la mort de ce chef, tout rentra dans l'obscurité. Son fils, monarque tranquille, laissa aborder les Hollandais à Bantam. Le fils de celui-ci, homme débile et maladif, fut forcé d'abdiquer. Enfin, en 1619, régna Agoung, c'est-à-dire le Grand, prince guerrier, qui n'eut qu'un tort, celui de vouloir vivre en bonne intelligence avec les Hollandais, déjà maîtres de Djakatra. Ses tentatives trop tardives de résistance ne firent qu'asseoir la domination naissante des Européens; et, gêné d'ailleurs par des

---

(1) Ou krattan, formé de kadatan, contraction de ka-da-tou-nan, demeure du prince. On dérive également kraton du mot raton (prince, en javanais vulgaire); la signification est la même.

dissensions intestines, ne pouvant les combattre d'une manière efficace, il fut obligé de les subir.

Il est curieux d'observer les développemens rapides que prit la domination hollandaise depuis 1596 jusqu'au moment où se trouve placée l'action de notre récit. D'abord les Hollandais profitent sournoisement de l'absence du souverain de Bantam (en ce moment à la tête d'une expédition dans l'île de Soumadra), pour se glisser dans sa capitale. Quatre ans plus tard, ils y sont établis; un an encore, ils y possèdent une factorerie. Huit ans se passent : nous les trouvons représentés à Grissé (c'est-à-dire à l'extrémité opposée de l'île), dans la personne d'un agent. Trois ans plus tard, ils stipulent un traité commercial avec la ville de Djakatra, et y fondent un comptoir; sept ans après, en vertu d'un second traité, ils y bâtissent un fort. Grâce à ce fort, la ville de Djakatra, condamnée sur un prétexte, ne tarde pas à être brûlée, et, sur ses cendres, s'élève Batavia.

Les résistances successives des Javanais leur coûtent quatre-vingt mille hommes. Cette sanglante protestation ne fait que consacrer l'usurpation des envahisseurs. Il leur manquait un allié : ils le trouvent dans Aroun, fils indigne d'Agoung-le-Grand. Ce monarque, lâche et cruel, conclut avec les Hollandais un traité honteux, qui élargit leurs possessions et le dépouille, lui, de ses plus précieux priviléges.

Un jour, le secret d'une conspiration est découvert. Les conjurés, tous Javanais, indignés de subir l'autorité d'Aroun, voulaient déposer ce monarque, et faire passer le sceptre de Matarem aux mains de son jeune frère. Les chefs du complot sont tous décapités et leurs têtes présentées au jeune prince qui, le lendemain même, est assassiné par une main inconnue. Aroun simule alors un grand désespoir, et, pour venger le meurtre de son frère, il fait rechercher tous les prêtres de la ville, au nombre de plus de 6,000, et les condamne à être mitraillés en face de son palais. Cette horrible exécution a lieu. Dans sa démence, Aroun va jusqu'à ordonner le massacre de toute sa famille. Son premier fils, Ario-Pougar, s'étant marié sans son aveu, il le bannit, et fait mettre à mort sa belle fille et tous ses parens. Tel était l'allié des Hollandais.

Un pouvoir si odieux ne pouvait être souffert long-temps. Une nouvelle conjuration se forma et cette fois ce furent les grands de l'empire, l'adipati (ou premier ministre), les ba-pati (ou gouverneurs de provinces), les pandjerans, andjibaïs, mantris, grands officiers, gouverneurs de districts ou de canton; ce furent les plus considérables de l'état qui se liguèrent contre l'autorité d'Aroun, suppliant le fils de régner à la place du père. Tandis que Java fermentait ainsi, une île voisine, Madouré, était le nid d'une révolte ayant le même objet. Mangkassar, de son côté, envoyait une armée pour soutenir les rebelles. C'en était fait d'Aroun s'il n'eût imploré l'appui des Hollandais. Mais ceux-ci, en habiles trafiquans, le lui vendirent cher. Ils stipulèrent des conditions qu'il fallut accepter. En cas de succès, la compagnie hollandaise élargissait ses possessions depuis Batavia jusqu'à Krawang : ses exportations seraient franches de tous droits : les

Mangkassars, les Malais et les Maures ne pourraient vendre ni acheter dans l'île, sans permission expresse et sans passeport délivré par le gouverneur hollandais.

Le tremblant Aroun accepta tout, consentit à payer 250,000 piastres, à verser 3,000 lastes de riz pour les frais de la guerre. Il eût donné la moitié de son empire si l'amiral Speelman la lui eût demandée.

Moyennant ces conditions, la compagnie fournit quatre vaisseaux, commandés par Speelman, et qui eurent bientôt foudroyé les révoltés mangkassars, dont tous les chefs furent tués.

Restait l'autre révolte, celle de Madouré, la plus alarmante, car elle avait déjà fait de notables progrès dans l'île.

Le chef des rebelles, homme énergique et ambitieux, s'appelait Trouna-Jaya. A la tête d'une poignée de partisans, il avait franchi le détroit, pris terre au port de Grissé et poussé sa course victorieuse, de district en district, sur la côte de l'Est, depuis Sourabaya jusqu'à la presqu'île de Japara.

La nouvelle de succès aussi rapides saisit Aroun d'une indicible épouvante. Pour la seconde fois il réclama l'appui de la Hollande, et, pour la seconde fois, Speelman lui vendit cet appui à beaux deniers, ou, mieux encore, à beaux traités comptans.

Au mois de décembre 1676, l'amiral sortit de Batavia et marcha à la rencontre de Trouna-le-Rebelle. Il le rejoignit à Japara, et le défit une première fois. Plus tard, il lui livra un combat plus décisif encore : Trouna-Jaya fut mis en fuite, et abandonna cent pièces de canon sur le champ de bataille.

Mais cette insurrection n'était pas de celles qu'on étouffe si aisément. Comme si les deux échecs qu'il venait de subir lui eussent donné une nouvelle force, Trouna-Jaya revint à la charge, et, après quelques alternatives de victoires et de défaites, il entra à Matarem par une porte, tandis que l'empereur s'enfuyait par l'autre.

Nous avons dit que l'énergie faisait le fond du caractère de ce chef, dont l'ambition allait jusqu'à rêver le trône. Une fois maître de la capitale, Trouna-Jaya se persuada que rien ne pouvait plus faire obstacle à ses volontés. En conséquence, il se fit ouvrir le trésor des sultans et y prit la fameuse couronne de Madjapahit, qu'il osa essayer sur sa tête. Cette confiance le perdit. Un de ses principaux lieutenans, irrité de tant d'orgueil, dénonça les projets d'usurpation du général à toute l'armée, et, dès ce moment, l'autorité du chef diminua.

Aroun, obligé de fuir de sa capitale, s'était retiré avec son second fils, Man-Koural, dans les montagnes de Kendang. Il y mourut bientôt, recommandant à son successeur de demeurer l'allié des Hollandais. Man-Koural hésita d'abord à se conformer à cette politique; mais sa constitution physique était aussi débile que sa volonté. Après quelques timides velléités d'indépendance, il se résigna à exécuter les volontés paternelles et à acheter, comme son père, par tous les sacrifices possibles, l'alliance intéressée du puissant amiral.

Matarem, un instant occupée par Trouna-Jaya, ne tarda pas à être reprise d'assaut. Les rebelles expièrent leur victoire par une sanglante défaite; mais une circonstance importante à mentionner ici, c'est qu'au nombre des pierreries et des joyaux abandonnés par les fuyards, la couronne de Madjapahit ne fut pas retrouvée.

Cela fut regardé généralement comme de sinistre augure; et, frappé d'une terreur superstitieuse, le nouveau roi de Matarem résolut de ne pas faire un plus long séjour dans cette malheureuse capitale.

Mais où transporter le siége du gouvernement? A Samarang? Les Hollandais y construisaient un fort; et le frère du roi, déjà vieux, Pandjéran-Pougar, était gouverneur de cette province sous le bon plaisir de l'ombrageux Speelman, qui, en vue de la tranquillité publique, lui avait fait infliger cette dignité comme un exil.

Man-Koural pensa que la forêt de Wana-Karta, dans le district de Pajang, serait un lieu plus convenable pour y fixer sa résidence. Il fit donc défricher tout ce pays, où bientôt une nouvelle ville s'éleva, qui prit le nom de Sourakarta. C'est encore aujourd'hui la capitale de l'empire, le chef-lieu de la Sultanie.

Lorsque la tranquillité fut rétablie, l'amiral hollandais réclama impérieusement le prix de ses services; et d'abord il exigea que le rebelle Trouna-Jaya fût mis à mort.

— Puisque j'ai pu consentir à l'exil de mon frère, lui répondit Man-Koural avec tristesse, je puis bien vous accorder la mort d'un rebelle.

Mais Trouna-Jaya était en fuite. Le bruit courait qu'il s'était séparé des siens, et que, remplaçant les dangers par les fatigues, le terrible aventurier avait troqué l'épée du soldat contre la javeline du chasseur.

Chasseur ou soldat, le point important était, pour l'amiral, de retrouver le chef de rebelles.

On envoya des crieurs dans toutes les directions pour publier qu'une forte somme d'argent serait accordée à qui ramènerait Trouna-Jaya, mort ou vif; mais promesses et démarches restèrent inutiles : on ne put parvenir à retrouver le fugitif.

Man-Koural régna paisiblement sous la tutelle de l'amiral hollandais. Son gouvernement fut tranquille, sinon glorieux, et sa vie s'écoula avec assez de calme, en apparence, quoique tiraillée au fond par des remords et des chagrins...

Par des remords, car une voix intérieure lui reprochait incessamment d'avoir livré sa patrie à la domination étrangère;

Par des remords, disons-nous encore, car, pour assurer son autorité naissante, il avait, dès son avènement au trône, accordé son consentement à l'exil de son frère, Ario-Pougar, lequel, ainsi que nous venons de le dire, était depuis longues années relégué à Samarang avec le titre de pandjeran ou gouverneur.

Par des chagrins enfin, car l'héritier de l'empire, Amangkou-Nagara (vulgairement nommé Man-Koural-Mas) était un prince d'un caractère sombre et cruel, violent et vindicatif. Les mêmes répugnances qui avaient salué autrefois le règne d'Aroun (de sanglante mémoire) signaleraient sans doute aussi l'avènement de son petit-fils. L'empereur prévoyait pour ce moment de nouvelles guerres, de nouveaux désastres, et la suite prouvera qu'il ne se trompait pas.

Telle était la situation de l'empire de Java, vers l'an 1682.

Conformément aux traités conclus, l'amiral Speelman prit possession, au nom de la Hollande, du royaume de Djakatra, compris entre les rivières d'Outoung-Java et de Krawang. Bientôt il devait se faire accorder tout le territoire qui s'étend au-delà, depuis Krawang jusqu'à Panaroukan. Par une charte du 15 janvier 1678, l'empereur Mankoural Ier mit entre les mains des Hollandais le commerce du sucre de Japara, et fortifia les droits qu'ils avaient déjà sur Samarang, en y ajoutant de nouvelles immunités. On voit qu'à mesure que l'autorité des princes indigènes allait s'amoindrissant, la puissance des Hollandais prenait une extension nouvelle. C'est ainsi que le royaume de Djakatra ou Batavia, étouffant bientôt dans ses limites, va jusqu'à coudoyer les frontières du royaume de Bantam. C'est ainsi qu'une nouvelle factorerie hollandaise ne tarde pas à être établie dans la capitale même de la Sultanie de Chériboun.

Tous ces agrandissemens successifs, tous ces empiètemens de territoire étaient un acheminement sûr à la domination universelle de l'île. Aussi ne dut-on pas s'étonner lorsqu'un des derniers souverains de ce pays, disposant, à son lit de mort, non-seulement du présent, mais encore de l'avenir, déclara solennellement « qu'il abdi-
» quait pour lui et ses héritiers, en faveur de la
» compagnie hollandaise des Indes-Orientales,
» laissant à la disposition de celle-ci le choix de
» la personne qui règnerait *pour l'avantage de la*
» *compagnie* et de Java. »

D'après tout ce qui précède, le lecteur, s'identifiant avec nos personnages, peut comprendre quel levain de haine nationale agitait l'âme de Djelma-Bessar, le chasseur ; mais il importe d'expliquer par quelles suites de circonstances Djelma s'était rencontré avec Anderson, et pourquoi tous les deux, partis ensemble de Samarang, se dirigeaient vers Sourakarta.

Ces éclaircissemens trouveront leur place dans le chapitre qui va suivre.

III

LES EXILÉS.

La résidence de Samarang passe pour l'une des contrées les plus malsaines de l'île de Java. La température y est toujours basse et humide. Les terres y sont noyées de pluies pendant six mois de l'année. Et, quand la pluie tombe dans ces régions tropicales, ce n'est pas en brouillard, ni en poussière monotone et constante comme à Paris; c'est par torrens, par cataractes : c'est un déluge. Le ciel se fond en eau pendant plusieurs jours, et les animaux épouvantés font entendre des cris de terreur. Ces pluies redoutées des cultivateurs, emportent les plantes et les arbres, ruinent l'espérance des moissons. Souvent même les habitations sont entraînées et les habitans ne luttent contre la mort que pour endurer, bientôt après, les horribles souffrances de la misère. De nos jours, à tant de causes d'insalubrité, se joignit un fléau terrible : le choléra-morbus indien fit irruption à Samarang, dont la population fut décimée. Antérieurement, cette ville avait subi l'atteinte de diverses épidémies moins redoutables. Chaque fois que ces pâles messagères apparaissaient sur le rivage de Samarang, elles y apportaient l'épouvante, et l'on avait fini par regarder ce lieu comme une terre de malédiction et d'exil.

C'est cependant là que résidait encore, en 1682, le frère du sultan de Sourakarta. Ario-Pougar, qui, à la mort d'Aroun, son père, aurait pu faire valoir quelques droits à la souveraineté de Matarem, avait été sacrifié aux intérêts de la politique européenne, qui espérait un allié plus sûr en couronnant le second fils d'Aroun, Man-Koural Ier. Banni depuis l'avènement de son frère, Ario s'était résigné sans murmure à son mauvais sort, et renonçant à son autorité suprême, il avait accepté la dignité secondaire de gouverneur de province. Lui qui aurait pu aspirer au trône de Sourakarta, il était devenu simple pandjeran ; et la résidence de Samarang, ce port insalubre et maudit, lui avait été assignée, moins comme retraite que comme prison.

Or tandis que le pandjéran Ario, confiné dans sa triste province, donnait un si touchant exemple de sagesse et de résignation ; tandis que ce noble infortuné secourait autour de lui toutes les infortunes, rendant la justice au nom du souverain qui l'avait exilé, répandant des bienfaits au nom du frère qui l'avait proscrit, faisant aimer le nom de ce frère, détesté ailleurs, et ne gardant pour lui que les fatigues que lui imposait l'accomplissement de tant de devoirs ; tandis que le généreux gouverneur mettait ainsi à profit les heures chagrines de la captivité, sa fille, naïve et candide enfant, le soutenait de ses caresses et de son sourire, fortifiait son courage en se montrant forte, égayait son âme en se montrant joyeuse. Apsara (c'est ainsi que se nommait la fille d'Ario), était née dans l'exil, et sa naissance avait apporté une grande consolation dans la vie du proscrit. La venue inespérée de cette enfant avait rendu l'espoir à ce cœur brisé, qui, depuis long-temps, n'espérait plus. Eclose au milieu des dunes marécageuses, comme le symbolique lotus, ou lis d'eau (1), si vénéré des Egyptiens et des Indiens, elle avait reçu ce nom d'Apsara, que les mythologues brahmans emploient pour désigner les célestes musiciennes qui composent la cour d'Indra, roi des nuages. Ce mot répond à l'*Aphrodite* des Grecs, et signifie pareillement « sortie des eaux. »

Lorsque Ario regardait Apsara, l'expression d'une tendresse ineffable se répandait sur tous ses traits. Il semblait, dans ces momens, que l'ombre d'un chagrin n'eût jamais obscurci ce

---

(1) Nymphæa-nelumbo (Linn).

visage auguste. Que lui importait alors son origine souveraine, et son droit méconnu, et la persécution qui s'étendait sur lui depuis tant d'années? Que lui importait l'astucieuse conduite de Speelman et la dure inimitié de Man-Koural, qui avait consommé l'usurpation, et avait été près, disait-on, de commettre le fratricide? Ces souvenirs amers s'effaçaient, au cœur d'Ario, devant un sourire d'Apsara. L'heureux père restait souvent des heures entières plongé dans une muette contemplation en face de cette pensée qui maintenant remplissait sa vie : sa fille, Apsara! la blanche fleur sortie des eaux, la joie née dans le deuil, l'enfant de l'exil, en un mot, qu'on accueille avec d'autant plus d'amour que son berceau a été arrosé de plus de larmes! La naissance d'Apsara fut un événement heureux, quoique sa mère fût morte en la mettant au monde. Cette circonstance même, en mêlant un regret pieux au grand contentement paternel, rendait celui-ci plus solennel peut-être et plus touchant. L'âme noble d'Ario ne pouvait rien contenir de vulgaire, et le bonheur, en y entrant, prenait, comme tout le reste, un aspect sérieux et pensif. C'est le propre de quelques êtres privilégiés de savoir associer une grave pensée à toutes leurs joies, comme ils savent, au besoin, opposer une consolation à toutes leurs peines. Ario, par cela même qu'il avait subi l'adversité avec constance, s'était rendu digne de son bonheur actuel; seulement l'un se ressentait de l'autre : derrière ce sourire on devinait la trace des pleurs; à travers l'allégresse du père, on retrouvait les chagrins, mal oubliés, du frère, et le deuil, encore récent, de l'époux.

Il y avait même, dans le passé du vieillard, une douleur plus grande et plus inconsolable que celles-là.

Mais cette autre plaie du cœur d'Ario n'était soupçonnée de personne. Il fallut une circonstance bien solennelle pour le décider à livrer ce secret si long-temps gardé.

Un soir, fatigué des soucis et sans doute aussi des émotions de la journée, Ario s'assit auprès d'une fenêtre et laissa tomber sa tête sur sa poitrine. Il semblait plus triste et plus découragé que de coutume : c'est que toute cette longue journée s'était écoulée sans lui montrer sa fille. Obligé de sortir de très bon matin, il était parti sans embrasser Apsara. Que les heures lui avaient paru lentes ! que ses impérieuses fonctions lui avaient été dures et pénibles ! Rentré enfin au palais, il s'était jeté sur une pile de coussins, et ses yeux, fixés machinalement devant lui, interrogeaient vaguement l'espace.

En ce moment une massive portière de tapisserie qui fermait l'entrée de la chambre, se souleva avec lenteur, et livra passage à une jeune fille, portant la ceinture de soie jaune, aux bouts écarlates, et l'éventail javanais, aux feuilles de latanier : c'était Apsara. Elle s'approcha légèrement de son père et lui effleura la main d'un baiser.

Le visage d'Ario s'illumina d'une joie subite. De ses mains étendues il attira doucement sa fille sur ses genoux et l'embrassa tendrement...

— Puisse Celui qui est te préserver de toute peine, ma chère enfant, lui dit-il : Puisse la grande déesse des monts Sahyas exaucer mes vœux les plus chers, quand je la supplie d'éloigner de tes lèvres tout breuvage d'amertume ! Ho ! quand je te regarde, je crois voir s'ouvrir les célestes demeures d'Indra ! quand tu parles, c'est la suave harmonie que font entendre les Apsaras, tes divines sœurs ! quand tu es là, je ne pense plus à rien qu'à toi : tout le reste est mort pour mon âme. Je me plais à t'entendre rire en notes perlées comme chante un oiseau ; et, quand tu pleures en me faisant quelque récit touchant, tes larmes se succèdent sur tes joues comme un long collier de perles, bien plus brillant que le sourire éblouissant d'Hara !

— Mon père, répondit tendrement la jeune fille, vous êtes clément et bon ! La joie que vous me montrez est de celles qui font sourire la bouche, mais qui ne réjouissent pas le cœur. Le vôtre était plein de tristesse quand je suis entrée. Pourquoi me cacher votre pensée ? Vous étiez seul à respirer le frais sur cette varanda (1), et votre tête se penchait douloureusement sur votre poitrine. Vous murmuriez à voix basse des mots que je ne pouvais entendre : mais que m'eût servi de vous entendre, puisque j'ai tout compris ? C'est encore moi ! c'est encore pour moi ! Toujours cet exil que vous déplorez ! toujours ces grandeurs que vous regrettez, non pas pour vous, mais pour votre fille ! Eh ! qu'ai-je à faire d'un autre pays, d'une autre demeure ? qu'ai-je à souhaiter auprès de vous ? Samarang est ma ville natale,

---

(1) Galerie ouverte.

et j'aurais regret à la quitter. N'écoutez pas ceux qui disent du mal de nos beaux rivages : ceux-là sont des jaloux et des ennemis.

— Des ennemis, reprit Ario. Mes ennemis, si j'en ai eu, doivent m'avoir oublié maintenant ! leurs souhaits de vengeance sont accomplis. Non, tu te trompes, mon Apsara, je ne regrette rien de mes grandeurs passées : c'est un souvenir plus récent qui me rend le cœur amer...

— Vous voulez parler du tombeau qui est caché là bas sous les kambojas (1) épais, au feuillage sombre, aux fleurs blanches et jaunes...

Et tandis qu'elle soupirait ces mots plutôt qu'elle ne les prononçait, une larme pure, une larme filiale mouilla les yeux de la jeune fille.

Il y eut un moment de silence.

— Non, ce n'est point le tombeau qui est caché sous les arbres, dit lentement le père d'une voix altéré par l'émotion. Et cependant cette pierre blanche recouvre l'amie qui m'était si chère, le cœur qui m'était si dévoué !... Non, te dis-je, Apsara : ce n'est pas le grave souvenir des morts qui inclinait tout-à-l'heure mon front sur ma poitrine... Ce recueillement avait une autre cause, que tu ne peux deviner.

— Et me suis-je donc rendue indigne de votre confiance, mon père ? Ne pouvez-vous me dire ce secret? Quelle est donc ma mission si ce n'est de vous consoler? Pourquoi suis-je votre fille, votre compagne d'exil ? N'est-ce pas mon devoir,

---

(1) Plumeria obtusa (Linn). Arbre des tombeaux.

quand vous rentrez, de lire dans vos yeux pour interroger votre cœur? Ne dois-je pas vous ôter le manteau, blanc de poussière ou lourd de pluie? Ne dois-je pas alléger votre âme des soucis qui lui pèsent? Ce sont là mes droits de fille, et je les réclame : votre secret, mon père! ne me le refusez pas...

Apsara suppliait ainsi de sa voix la plus harmonieuse, de son geste le plus éloquent. Mais Ario, visiblement subjugué par ces paroles tendres et persuasives, luttait encore, et ne prononçait que des mots incohérens, des phrases entrecoupées...

» Mon père, continua-t-elle, si vous persistez à me cacher ce secret, qui vous est si pénible (et qui le serait moins peut-être, partagé entre nous deux), si vous vous taisez, mon père, je croirai que vous ne m'aimez pas, oui, que vous ne m'aimez pas; et qu'il est indifférent à votre cœur d'affliger le mien. Je me croirai à tout jamais privée de votre tendresse... Moi, votre Apsara! moi que vous appeliez, hier encore, votre unique enfant!...

— Hier, répéta Ario, en regardant sa fille... hier, je t'ai dit cela?..

L'émotion du pauvre père était à son comble, et ce fut à grand'peine qu'il ajouta :

» Tu es toujours mon Apsara, entends-tu bien : mais tu n'es pas mon unique enfant.

— Que dites-vous...

— Ce secret, je devrais te le cacher peut-être ; mais il s'échappe involontairement de mon cœur! Non, ma fille, cette affection de père que te t'ai vouée jusqu'à ce moment sans partage, un autre

maintenant a le droit d'en réclamer la moitié...
Et moi, je ne puis pas lui refuser cette part de
tendresse qui lui appartient devant Dieu... Apsara, promets-moi d'aimer celui que j'appelle mon
fils... Promets-moi de l'aimer comme un frère...

— Mon frère ! j'avais un frère !... et vous me
l'avez laissé ignorer.

— C'est que moi-même j'ignorais que j'eusse
un fils.... ô ma chère enfant... Quelle cruelle
blessure à rouvrir ! quel passé lamentable et sanglant !... J'ai cru long-temps à sa mort. Oui, j'ai
porté le deuil de ce fils bien-aimé... et quand je
le retrouve, quand un hasard étrange, inespéré,
me le montre..., aujourd'hui même, car c'est
aujourd'hui !... je rassemble à peine mes idées...
tout est confus... tout est bouleversé !...

Ario s'interrompit... ses lèvres continuèrent à
s'agiter, mais sans laisser sortir aucune parole.
Apsara suivait avidement chaque mot... épiait
chaque signe... Son âme était comme suspendue
à la bouche du vieillard.

Lorsqu'il eut repris ses sens et rappelé ses souvenirs, le pandjéran continua :

» J'avais trente ans lorsque mon père Aroun,
de redoutable mémoire, me fit venir, et m'ordonna de prendre le turban, et de me convertir à
la foi musulmane. J'étais dévoué de cœur au
culte de mes aïeux : je refusai. Mon père insista,
et sa voix, jusqu'alors impérieuse, prit l'accent
de la menace. Je refusai encore. Alors il me
dit : « Malheureux, songes-y bien ! il y va pour
» toi du sceptre, après ma mort, ou de l'exil
» maintenant !... Choisis ! » Je préférai l'exil...

« Mais ce n'est pas tout, ajouta-t-il. Tu as épousé

» une esclave, une gadise (1), née au pays des
» Dayas, dans l'île de Bornéo. Je le sais, le rit
» gandharba (2) a consacré votre union. Moi,
» je la désapprouve, et je jure ici que je ferai
» arrêter et mettre à mort cette ronguine (3), si
» tu ne consens à changer de religion. »

Les menaces de mon père étaient terribles cette fois. Néanmoins je tins bon : je résistai.

— Non, mon père, m'écriai-je en me jetant à ses pieds;... cela n'est pas possible ! vous ne ferez pas cela. Oui, j'ai choisi une épouse devant Dieu !... et, redoutant votre colère, je vous ai caché le secret de notre union. Ce fut une faute bien grande, je l'avoue : mais à présent, je sollicite à genoux, votre pardon et votre pitié... Tuer Djaïali ! vous ne le ferez pas... ce serait un meurtre, et Dieu défend le meurtre !...

Ces mots ne firent que l'exaspérer davantage. En effet, sans le vouloir, je venais de rappeler à mon père cette cruelle exécution qu'il avait ordonné lors de la fameuse conspiration des chefs, en 1649. Pour venger, disait-il, la mort de son frère Alit (poignardé par une main inconnue), il avait fait massacrer six mille prêtres sous ses yeux, devant les fenêtres du palais.

— Tu crois me toucher ! s'écria-t-il avec un accent de cruauté qui me fit tressaillir. Eh bien!

---

(1) Ce mot signifie jeune fille.
2) L'une des huit sortes de mariage reconnues par la religion des brames. Celui-ci résulte du consentement mutuel.
(Loi de Manou. Liv. III.)
(3 Danseuse : terme de mépris.

je ne t'ai parlé, jusqu'à présent, que de ta femme... Puisque tu m'y forces, je vais te parler de ton fils!...

— Mon fils!...

— Oui : tu as un fils, que tu aimes! on a allumé le feu symbolique à sa naissance ; on a offert des fleurs et récité des prières. Tu as toi-même tourné autour du brasier sacré en appelant le regard de Crishna sur cet enfant!... Eh bien ! je te le dis encore : abjure ta croyance et fais-toi musulman, si tu ne veux que ton fils périsse, par mes ordres, au milieu des flammes que tu as allumées...

Je jetai un cri déchirant à cette menace.

— Oh ! interrompit Apsara en pâlissant... c'est horrible !... et qu'avez-vous fait, mon père, qu'avez-vous fait ?...

Ario reprit d'une voix tremblante :

» J'épuisai mes forces dans une lutte désespérée contre cette volonté de fer. Rien ne put fléchir mon père ; il persista dans ses menaces ;... et moi, j'allais peut-être succomber... lorsque le gouverneur hollandais (celui qui a précédé Speelmann dans le commandement de cette île), s'avança et m'enjoignit aussi d'obéir, en mettant la main sur la garde de son épée !... A cette vue, à ce geste..., je ne sais ce qui se passa en moi ; tout mon sang, qui s'était porté à mon cœur, me refula au visage... ; je tenais la poignée de mon kriss, je l'arrachai de sa gaîne... ; furieux, je m'élançai...., je luttai, je me débattis.... : le sang jaillit ! Dès ce moment je ne vis plus rien...

Le vieillard, en racontant cette terrible scène,

semblait encore lutter et frapper. Sa voix était vibrante, son sein était haletant.

» Ce fut un long délire que le mien! poursuivit-il après un silence d'épuisement...; et à ce délire succéda une fatale léthargie...; oh! bien fatale!... car pendant mon sommeil, voici ce qui se passa.

Mon père fit saisir et enchaîner Djaïali et mon malheureux enfant. Tous deux furent conduits au milieu de la grande place du palais de Matarem, attachés à l'un des deux arbres impériaux (qui sont des arbres d'asile); et là, au milieu de quarante autres victimes, ses parens les plus proches, mon père... dois-je l'appeler encore mon père!... ce barbare donna l'ordre de les massacrer sans pitié...

— Ah! fit Apsara en se couvrant le visage de ses mains.

— Cela fut fait! l'horrible boucherie commença. L'écorce du varinghin (1) se rougit de sang... Le lendemain je me réveillai.

Un nouveau silence succéda à ce récit.

» Voilà trente-deux ans de cela, reprit lentement Ario; et le souvenir de cette journée de sang ne s'est point effacé. Mon désespoir se tourna contre moi-même: je voulus me tuer: on m'ôta mes armes, on me surveilla. Les jours se succédèrent: la résignation me vint. Dès qu'on me vit plus calme, on m'exila.

C'est dans l'exil, quinze ans après la mort

---

(1) Arbre sacré, assez semblable au figuier des Banians.

de Djaïali (j'étais déjà vieilli par la souffrance, mes cheveux avaient blanchi); c'est dans l'exil que j'ai épousé ta mère, ma pauvre enfant! cette pieuse femme, envoyée pour ma consolation, et qui dort là-bas sous les kambojas touffus. Le Tout-Puissant voulut me donner la force de vivre encore; et il me rendit père une seconde fois. Hélas! quand tu vins au monde, chère Apsara, je n'osais croire à tant de bonheur. Le passé m'épouvantait pour l'avenir. Je te cachai longtemps à tous les yeux : mais enfin te voilà! ma tendresse t'a bien gardée!...

« Je sais gré à mon frère de ses persécutions qui, en continuant celles de l'autre règne, m'ont permis de t'élever dans ce coin ignoré de son empire. Le lieu de notre exil nous aura servi de retraite! Que de nouveau malheurs n'aurais-je pas à craindre, mon Apsara, si mes ennemis te connaissaient!... Heureusement le tyran de Sourakarta ne t'a pas vue, et il ne te verra pas, je l'espère... Quant à ton frère...

Apsara redoubla d'attention.

» Quant à ton frère, il existe : j'en ai la preuve. Aujourd'hui même, en visitant le prochain village de Banyou-Kouning (1), j'ai été abordé par un Européen, homme vénérable et pieux, qui m'a demandé si je n'étais pas Ario-Pougar, fils d'Aroun-le-Cruel, et petit-fils d'Agoung-le-Grand?—C'est moi, lui répondis-je.—En ce cas,

---

(1) Ce mot signifie : eau jaune.

vous aviez un fils que vous regrettez... — Mes yeux se remplirent de larmes. — Si ce fils vous était rendu, ajouta-t-il... — Impossible, m'écriai-je... Il a péri dans les flammes... Les noirs esprits sont venus et me l'ont enlevé!... — Essuyez vos pleurs, noble pandjéran, m'a-t-il répondu. Dieu prend en pitié les grandes infortunes. Le deuil de ce fils a été long et douloureux pour votre cœur; mais celui que vous pleuriez n'est pas mort... La main du Tout-Puissant l'a sauvé... Son corps, tout sanglant a été recueilli après le massacre : un étranger que le hasard ou plutôt une sainte mission avait jeté sur ces côtes, est venu, au péril de sa vie, compter les morts et laver les blessures. Par ses soins la sépulture a été donnée aux cadavres de tant de victimes. Quant à l'enfant, il respirait encore, vous dis-je, et, secrètement enlevé, et déposé dans une pirogue, il a été transporté, en une nuit, dans l'île de Madouré... Là, des prêtres brahmans se sont chargés de l'élever et de l'instruire. Maintenant, l'enfant est devenu un homme. Son corps est endurci aux fatigues; son âme est ardente et généreuse...

— Et où est-il? où est-il? ai-je crié alors, tout éperdu, en saisissant de mes mains tremblantes le manteau du vieillard...

— Silence, m'a-t-il dit, avec une profonde expression de tristesse : Il est proscrit comme vous!

— Proscrit!

— Et caché. On le cherche : on veut le mettre à mort. Qu'on le découvre et sa tête tombe...

— Par Mahadéva! je crains de deviner!... Mon fils...

— Votre fils est le chef de l'insurrection madouraise : c'est le vaillant, c'est le malheureux Trouna-Jaya.

Ario ne put retenir ses larmes. Il attira dans ses bras sa fille éplorée... et tous deux se regardèrent sans proférer une parole.

— Et maintenant, reprit Ario, maîtrisant à grand'peine les sanglots qui l'étouffaient, maintenant, tu as un frère, et moi, je retrouve un fils. Echappé au massacre, il s'est jeté dans les périls de l'insurrection. C'est une fatalité sur ma famille! La tête du rebelle a été mise à prix.

— Mais où est-il? ne peut-on le chercher, le secourir...

— Ce serait le perdre peut-être!... Toujours errant, toujours fugitif, mon pauvre fils n'a d'autres retraites que les bois, que les antres des rochers.

Le vieillard m'a dit qu'il l'avait vu, ce matin même, caché dans les ruines, aux environs du village de Banyou-Kouning...

— C'est là qu'il faut aller! interrompit la jeune fille en se levant.

— Non, répondit Ario. Le vieillard m'a dit d'attendre; que la nuit venue, il me l'amènerait.

— Ici?

— Ici même, dans le palais. Mais tiendra-t-il sa promesse? Oh! j'ai besoin de l'espérer! mon âme flotte dans le doute. Je n'ose me fier à cette lueur de joie qui vient me chercher dans ma prison... Pourvu que mes tristes pressentimens n'aient pas raison cette fois!...

— Vous frissonnez, mon père...

— Oui, mon cœur se serre comme à l'approche d'un grand malheur... J'ai tort, sans doute, de me laisser aller à mes terreurs... Puisque mon fils va venir, puisque je l'attends, je devrais, au contraire, remercier les devas et les bons génies... Mais que veux-tu, ma chère enfant : c'est l'âge qui me rend si faible... et puis aussi peut-être l'habitude que j'ai de souffrir...

La nuit vint pendant cet entretien, et les alarmes d'Ario redoublèrent. Le corps penché en avant, les yeux fixes, il recueillait avec anxiété chaque bruit, chaque murmure venu du dehors. Apsara, partageant ses inquiétudes, était appuyée sur le rebord de la varanda, et promenait ses regards aussi loin que le lui permettait l'obscurité toujours croissante.

Long-temps ils attendirent; mais aucun pas ne s'approcha; aucune lueur ne parut dans l'ombre.

— Hélas! dit Ario avec un soupir, quelque nouveau danger le menace. Il aura fui peut-être avant que le vieillard ait pu le rejoindre; il aura quitté les ruines, et je ne le verrai pas!...

Apsara l'interrompit du geste : elle venait d'entendre au-dessous d'elle un bruit sec, plusieurs fois répété, comme celui d'une branche d'arbre, qu'on casserait en plusieurs morceaux.

— C'est lui, dit-elle à voix basse.

Presque aussitôt un chant s'éleva dans la nuit : c'était une voix pure et douce, soutenue par les accords du luth indien.

La voix chantait le pantoum (1) suivant :

« Partout, sur la grande rue, sur la place,
» Partout les chiens sont endormis :
» La lune va se lever bientôt, et vous la verrez fuir dans le ciel,
» Se frayant un chemin à travers les nuages.
» Déjà son croissant pointe là-bas à l'horizon,
» Semblable à la corne d'un taureau couché.
» Et moi, tandis que la terre et le firmament sont obscurs,
» Je viens respirer l'haleine des fleurs qui embaument le
» Et j'oublie ainsi les fatigues et les dangers.   [treillage,
» Demain, tout-à-l'heure, peut-être, il faudra fuir encore,
» Et les cailloux tranchans de la route ensanglanteront mes
» Mais j'emporterai du parfum et du bonheur   [pieds;
    » Pour toute ma vie !... »

La voix qui chantait trembla d'émotion à ces dernières paroles. Apsara, se penchant davantage hors de la galerie, crut entrevoir une forme confuse dans l'ombre... Elle ne put retenir une larme, qui tomba sur la main du mystérieux chanteur.

— Rentre dans le dalam (2), ma fille, lui dit Ario. Bien que celui-ci soit ton frère, il n'est pas convenable que tu sois présente à notre entretien.

La jeune fille obéit en soupirant, et quitta la varanda pour rentrer dans son appartement.

---

(1) Nom d'un poëme fort court, qui répond à notre sonnet.
(2) Appartement intérieur.

Presque aussitôt une porte s'ouvrit, une draperie se souleva, et le proscrit parut sur le seuil à côté d'Anderson.

C'était, en effet, Anderson, qui avait parlé au pandjéran dans le prochain village de Banyou-Kouning, et qui lui avait révélé l'existence d'un fils long-temps pleuré.

Mais ce que n'avait pas dit Anderson, c'est que le salut de cet enfant avait été son ouvrage. Poussant la générosité jusqu'à l'abnégation, il avait dit au père : — Votre fils a été arraché au massacre; sans ajouter : — Et c'est moi qui l'ai ramassé au milieu des morts ; c'est moi qui ai lavé ses blessures, qui l'ai fait transporter dans l'île voisine ; c'est à moi que vous devez la vie de votre enfant.

La seule récompense d'Anderson avait été de voir couler des larmes de joie paternelle sur la barbe grise du noble exilé.

IV

LE MISSIONNAIRE ET LE PROSCRIT.

Lorsque le pandjeran vit se soulever la lourde portière de damas, il comprit que la force allait lui manquer pour faire à son fils un accueil selon son cœur. Il se contenta donc d'ouvrir ses bras, et attendit. Mais le jeune homme, frappé de respect, au lieu de s'y jeter, se prosterna. De sa main droite il prit un des pieds du vieillard, qu'il appuya sur son front. Cette attitude était celle de la plus profonde humilité.

— Non, dit Ario d'une voix brisée, ce n'est pas là ta place. Viens ici, viens dans mes bras :

c'est le droit d'un fils de réclamer les embrassemens de son père... Il y a si long-temps que tu en es privé!!

Et le vieillard releva doucement le jeune guerrier qui répandait des larmes muettes, et l'embrassa avec effusion...

Quand cette mutuelle étreinte eut satisfait aux premiers élans de sa tendresse, alors seulement Ario regarda son fils.

C'était une noble tête de guerrier ! c'était un front hautain où siégeait l'habitude du commandement. Le teint jaunâtre du Javanais s'était bruni à la longue sur ce mâle visage, qui maintenant avait des reflets cuivrés comme ceux du bronze. Cependant le type primitif n'avait point disparu : il était facile de reconnaître dans ce chef le Javanais indigène, petit de taille, comme ils sont tous, à la longue chevelure brune et bouclée, aux sourcils épais, aux yeux vifs, aux pommettes saillantes, aux lèvres fortes et légèrement arquées par le dédain. Trouna-Jaya portait la robe courte de coton, appelée djarit ou sarong; la veste de soie, ou sabouk, et le chindi-chelana, sorte de pantalon flottant retenu sur les hanches par une ceinture d'or où étaient passés le kriss et le couteau. Le manteau des nobles était jeté sur son épaule gauche. Suivant les recommandations du Jaya-Langkara, ancien poème, qui fait loi pour tout ce qui touche au costume, il portait une bague d'or au pouce de la main droite. Ces marques de distinction, par cela même qu'elles attestaient une haute origine, étaient une parure dangereuse pour un proscrit; mais si elles désignaient le fugitif à ses persécuteurs, elles désignaient aussi le chef aux peuplades agenouillées, et le rendaient inviolable. Cette inviolabilité surtout existait pour les princes du sang de Matarem ; or, ce sang illustre coulait, on le sait, dans les veines de Trouna-Jaya. (1)

Lorsque le vieux pandjéran eut largement satisfait son cœur, en contemplant les nobles traits du jeune chef, il se tourna avec orgueil vers Anderson.

— Voilà, lui dit-il, un moment qui me paie de toutes mes souffrances. J'avais tort de douter de la bonté du Tout-Puissant : puisque voilà mon fils, c'est que le jour de la réconciliation approche. Viens aussi, toi qui me l'as ramené, et jouis du bonheur que tu m'as fait! C'est là mon fils! quelle noblesse sur son front! quel courage dans ses yeux! Regarde, te dis-je, et serre cette main que je te donne, car, en vérité, ce ne serait pas assez de ma reconnaissance : je t'offre mon amitié.

---

(1) Voici comme s'exprime le major hollandais F. V. A. de Stuers, dans ses Mémoires sur la guerre de l'île de Java :

« Il n'y a, dit-il, que ceux qui ne connaissent pas la haute vénération dont le peuple javanais est pénétré pour ses chefs, qui puissent croire que le peuple ose jamais mettre la main sur un prince du sang de Matarem, ou le livrer prisonnier. Dans tout le cours de cette guerre, on n'a pas vu un seul exemple d'un pareil fait, quoique des sommes considérables aient été promises à celui qui livrerait le chef des rebelles mort ou vif.

Le major de Stuers parle en outre, « d'un certain Bachus-Ronguin, qui n'était ni prince, ni même d'un rang distingué, mais simple chef de rebelles, et qui, néanmoins, quelque prix que le gouvernement mît sur sa tête, ne fut point trahi par la population au milieu de laquelle il séjournait. »

(Mémoires du major de Stuers, page 169.)

Anderson prit la main d'Ario dans les siennes et la serra avec attendrissement.

— Mais toi, reprit le vieillard en s'adressant à son fils, dis-moi comment tu as rencontré cet homme secourable ? Où vous êtes-vous vus pour la première fois ? Raconte-moi tes aventureuses courses dans les montagnes; raconte-moi tes dangers, tes fatigues, tes misères ! Je veux tout savoir.

— Mes misères ? mes fatigues ? répondit le jeune guerrier : je n'ai souffert des unes ni des autres. Mes compagnons et moi nous sommes faits aux privations : que faut-il au soldat ? que faut-il au chasseur ? Une hutte d'écorce dans la mousson pluvieuse, la terre pour s'y coucher quand il fait beau ; un peu d'orge pour se nourrir, un peu d'eau pour se désaltérer. Et s'il manque de tout cela, qu'importe, s'il lui reste sa boîte de bétel ? Le ciel nous a donné l'argile rouge (1) et la noix

---

(1) Ampo : aliment étrange, adopté surtout par les femmes, et qui, décomposé, offre à l'analyse cinquante-huit parties de terre ferrugineuse, vingt-huit de terre albumineuse, huit de fibres combustibles, et sept parties d'eau.

Voici ce que dit M. Leschenault de la Tour, dans une lettre adressée à M. de Humboldt.

« Cet aliment est une espèce d'argile rougeâtre, un peu
» ferrugineuse ; on l'étend en lames minces, on la fait tor-
» réfier sur une plaque de tôle, après l'avoir roulée en pe-
» tits cornets ayant la forme, à peu près, de l'écorce de
» cannelle du commerce ; en cet état, elle prend le nom
» d'ampo, et se vend dans les marchés publics. L'ampo a
« un goût de brûlé très-fade, que lui a donné la torréfac-
» tion ; il est très-absorbant, happe à la langue et la des-
» sèche.....

d'arek au suc enflammé, qui trompe la faim. Il n'est pas de sombre tristesse, il n'est pas de pensée chagrine qui tienne bon contre une pipe d'opium. Oh! la misère ne m'a jamais touché de ses ailes noires! je vous assure que ma vie est heureuse...

» Heureuse surtout, ajouta-t-il après une courte pause, depuis quelques instants, depuis qu'une larme mystérieuse, tombée sans doute du ciel, est venue mouiller cette main, qui tenait le luth. Cette goutte de rosée, semblable à la perle humide qui tremble dans le calice du lotus, je l'ai sentie glisser de ma main sur mon cœur!... Etait-ce vous, mon père, qui pleuriez?

Les regards d'Ario se tournèrent involontairement du côté de la porte qui conduisait au dalam, et par laquelle, on s'en souvient, était sortie Apsara.

Le guerrier ne put comprendre ce regard.

» ..... Je pense que l'ampo n'agit que comme absorbant,
» en s'emparant du suc gastrique; il dissimule les besoins
» de l'estomac, sans les satisfaire. Bien loin de nourrir le
» corps, il le prive de l'appétit, cet avertissement utile que
» la nature lui a donné pour pourvoir à sa conservation;
» aussi l'usage habituel de l'ampo fait-il dépérir et conduit-
» il insensiblement à l'étisie, et à une mort prématurée. Il
» serait très-utile pour apaiser momentanément la faim,
» dans une circonstance où l'on serait privé de nourriture
» ou bien si l'on n'avait pour la satisfaire que des substan-
» ces malsaines ou nuisibles. »

Il est certain que cet usage existe aussi chez quelques sauvages de la terre d'Arnheim. George, dans sa Description de la Russie, cite également des exemples de cette singulière manière de se nourrir.

4

» Ne m'interrogez pas sur mes fatigues, continua-t-il ; et laissez-moi plutôt vous dire tout ce que je dois au généreux Anderson.

Il y a un mois à peine que je l'ai rencontré, et cependant il est pour moi comme un ancien ami, comme un second père dont les bras m'auraient reçu à ma naissance. Quand il croisa mon chemin, nous cherchions tous les deux quelque chose: lui une ruine à étudier, moi une source pour y rafraîchir mes lèvres. Il y avait deux jours que j'errais ainsi, poursuivi par les soldats de Speelman, et, depuis deux jours, je n'avais ni mangé ni bu. Mais, soutenu par l'insouciance de l'âge et la force du corps, je ne m'apercevais pas même des tortures de la faim et de la soif. J'eus recours à ma boîte de siri (1), et je trompai gaîment l'une et l'autre. Au moment où j'y songeais le moins ma force m'abandonna. Je tombai la face contre terre, comme pris de sommeil. Ce sommeil, c'était l'avant-coureur de la mort. Tandis que j'agonisais et que je rêvais (car cette léthargie était pleine de rêves étranges), un secours inespéré me sauva : une main amie s'approcha de mes lèvres. Il me sembla que je buvais l'amrita sacré (2) à la coupe divine. Par degrés mon corps se ranima, mes yeux se rouvrirent, et je vis l'envoyé de Dieu qui m'avait secouru.

Qui me dira maintenant par quel merveilleux

---

(1) Le bétel prend le nom de siri dans une partie de la Malaisie. C'est aussi le nom qu'on donne à un mélange de bétel, de noix d'arek, de chaux vive et de tabac.

(2) L'ambroisie.

pressentiment il a découvert le secret de ma naissance, ce secret ignoré de moi-même jusqu'à présent; qui m'expliquera le mystère de cette vue perçante à laquelle rien n'échappe, et qui embrasse, sans doute, l'avenir comme le passé !... Sauvé par lui, je lui avais dit qui j'étais et quels dangers on courait en soutenant ma cause... « Ce
» n'est pas votre cause que je soutiens, m'a-t-il
» répondu : c'est une créature de Dieu que j'arra-
» che à la mort ; et puisque vous êtes proscrit,
» c'est un devoir pour moi de ne pas vous quit-
» ter... » Ce devoir, il l'a accompli bien fidèlement, je vous assure. Depuis un mois, il s'est attaché à ma proscription, à ma fuite : il est devenu le compagnon assidu de mon malheur. A l'approche des lieux habités, il nous arrive quelquefois de nous séparer : c'est qu'alors il va chercher au prochain village du riz et des ignames; et, cela fait, il me rejoint dans le coin de forêt où il m'a laissé. C'est lui qui me nourrit et qui m'instruit, mon père : à l'entendre parler je deviens meilleur. Il a beaucoup voyagé, beaucoup appris : c'est un sage ! Notre pays lui est connu depuis long-temps. Il est venu à Java lors de la terrible invasion du mordecchi (1), et son courageux dévouemen a sauvé bien des victimes. Alors je n'étais pas au monde. Aujourd'hui plus de trente ans se sont écoulés, et ces trente années, en blanchissant les cheveux d'Anderson, n'ont pas changé son cœur, toujours courageux, toujours dévoué !

---

(1) Choléra-morbus.

Aussi je l'admire et je l'aime! Après la parole divine, je crois à la sienne!... Et quand il m'a dit aujourd'hui : « Viens, suis-moi, je vais te faire » voir ton père », je n'ai pas douté, je suis venu.

Parlant ainsi, le proscrit tendit la main à Anderson. Ario, partagé par le double sentiment de reconnaissance et de joie paternelle qui remplissait son cœur, regardait tour-à-tour le jeune homme et le vieillard.

Quelle preuve avait-il pourtant que ce fût là son fils? qui lui répondait de la sincérité d'Anderson? et d'où venait-il lui-même, cet Anderson? qui était-il? quelle mission l'avait appelé à Java? Au lieu de s'adresser ces questions, que tout autre, à sa place, se serait faites, le pauvre père se hâta de croire. On a vu de quels tristes pressentimens avait été précédée l'arrivée du proscrit; mais, à la vue de son fils, toutes ces sombres préoccupations s'envolèrent. Il n'y eut plus de place dans ce cœur pour une crainte ou pour un doute. Ario crut à la parole d'Anderson comme il eût cru à celle de Dieu lui-même, si Dieu, quittant le ciel, fût venu lui dire : « Accueille ce proscrit, car c'est ton fils. »

Or, ce que le digne pandjéran ignorait alors, et ce qu'il apprit par la suite, nous devons le dire, nous, dès à aprésent au lecteur.

Anderson appartenait à cette pieuse famille de missionnaires que l'Europe disséminait dans toutes ses nouvelles possessions pour y porter les lumières de l'Evangile. Son père avait débarqué à Java à la suite de cette colonie d'Anglais et de Hollandais qui s'établit à Bantam, vers l'an 1600, quelques années avant le glorieux règne d'Agoung. À force d'entendre parler de ces riantes îles de l'océan Indien, Anderson, dont la vocation n'était point décidée alors, s'éprit de l'idée de visiter l'opulent archipel de la Sonde (1). Curieux d'archéologie, il se promettait dans ce voyage mille jouissances d'antiquaire. Java, que son père lui avait si souvent décrite, fut la première terre qu'il résolut d'explorer. Quand il y aborda, le terrible mordecchi de l'Inde (choléra-morbus) ravageait toute la côte nord de l'île, depuis Djakatra jusqu'à Samarang. Ce moment décida de la vocation d'Anderson. À la vue de tant de misères, il s'applaudit d'avoir quitté Porthsmouth. Le voyageur, l'archéologue avide de découvertes, le savant enthousiaste se changea en apôtre, en consolateur. Il fit face au fléau et le combattit avec toute la persévérance que donne la charité. C'est cette première période de sa vie qu'il raconta au proscrit après l'avoir secouru au milieu de la forêt.

Comme le fléau, après avoir sévi le long du rivage, s'avançait dans l'intérieur de l'île, Anderson, avide de dangers, le suivit dans sa course mortelle jusqu'à Matarem, où il s'arrêta.

Là, son dévouement eut à se signaler d'une autre manière. Un tyran, couvert de meurtres, Aroun-le-Cruel, dévouait à la mort toute sa famille. Anderson fut assez heureux pour tromper

---

(1) Proprement dit de Sunda, formé du sanskrit sindu, mer, fleuve, grande eau. Le célèbre détroit a donné son nom à toutes ces îles. C'est le Sund des Danois et le Sound des anglais.

4..

la vigilance des bourreaux : une victime fut soustraite au massacre général, et l'on sait que cette victime était un enfant, le fils d'Ario-Pougar, l'exilé. Cet enfant, transporté furtivement hors de l'île, et confié aux soins des aïdas (1) et des brahmans de Madouré, reçut de ceux-ci le nom prophétique de Djelma-Bessar, qui, dans le dialecte kawi (2) (langue écrite), signifie homme grand.

Ce fut avec regret qu'Anderson se sépara de l'enfant qu'il avait sauvé et pour ainsi dire adopté. Mais un devoir impérieux le rappelait en Europe: son père allait mourir, et peut-être arriverait-il trop tard pour lui fermer les yeux. Il fallait donc s'embarquer et abandonner à des idolâtres l'éducation religieuse de cet enfant qui aurait pu devenir un chrétien.

Avant de le quitter, Anderson, dont le projet était de revenir, voulut du moins s'assurer un moyen quelconque de le reconnaître. Il se servit,

---

(1) On appelle ainsi généralement tous ceux qui exercent le sacerdoce dans les îles de Bali et de Madouré. La qualification suprême est celle de Brahman. Les prêtres des temples inférieurs, c'est-à-dire des dieux tutélaires des villages, des forêts, des montagnes et des rivières, sont appelés mamang-kou, c'est-à-dire : gardiens.

(2) La langue javanaise a deux dialectes bien distincts, que l'on nomme la haute et la basse langue ; autrement dit la langue vulgaire ou moderne (jawi), et le langage sacré des poëmes (kawi). Les princes en s'adressant à leurs sujets se servent de l'idiôme vulgaire. Ceux-ci, en répondant, sont tenus d'employer les locutions plus recherchées de la haute langue, qu'on appelle aussi langue de cour (bhâsa dalam).

(Major de Stuers, Mém. sur la guerre de Java).

à cet effet, du tatouage, ce procédé si usité dans toute la Polynésie, et lui dessina une croix sur le bras gauche.

De retour dans sa patrie, Anderson, dont la vocation était désormais arrêtée, passa deux années à Paris, au séminaire des missions étrangères, et, après avoir été ordonné prêtre, il se voua sans réserve à l'apostolat. Sa carrière de missionnaire commença réellement à cette époque.

Raconter l'existence de pareils hommes, c'est dérouler une suite non interrompue de sacrifices et de dévouemens. Toute plume est impuissante à louer selon leur mérite ces héros de l'humanité. De longues années se passèrent. Anderson alla porter l'Évangile dans les Indes-Orientales. Il visita tour à tour Banka, Ternate, Ceram et la grande terre de Bornéo. Précédemment il était allé semer la sainte parole sur les bords du Gange. Ces courses, souvent périlleuses, ne fatiguèrent ni son âme, ni son corps. Mais sa prédilection était pour Java. Il revint enfin dans cette île trente ans environ après l'avoir quittée.

Sa première pensée fut pour Djelma, pour cet enfant qu'il avait confié, en partant, aux vieillards de Madouré; mais tous les efforts qu'il tenta pour le découvrir restèrent inutiles : les prêtres aïdas et brahmans étaient morts.

Anderson résolut alors d'explorer toute l'île, depuis Grissé, où il aborda, jusqu'à Sourakarta, nouvelle cité qui, en son absence, avait remplacé Matarem. Tandis qu'il accomplissait ce trajet, Dieu envoya sur son chemin un infortuné de plus à secourir : c'était ce fugitif, ce proscrit, ce rebelle dont l'ombrageux Speelman avait demandé la tête, et que les soldats hollandais, soutenus par les troupes du nouveau sultan, traquaient dans toutes les forêts comme une bête fauve. Le nom de Trouna-Jaya n'était pas inconnu d'Anderson : il avait entendu parler de la révolte de ce chef; il savait que cette révolte avait pris son élan de l'île voisine pour venir s'abattre sur Java; et puisque Madouré était la patrie de Trouna, qui sait si ce chef de rebelles ne connaîtrait pas quelques particularités propres à mettre Anderson sur les traces de Djelma-Bessar?

On a vu plus haut que le saint missionnaire était devenu le compagnon de fuite du proscrit.

Un jour qu'en côtoyant ensemble le rivage de la mer, ils étaient parvenus sur le faîte d'une petite éminence dominant une de ces criques si communes aux environs de Rembang, le pied d'Anderson glissa sur une roche inclinée, et le saint homme tomba dans les flots.

Sans hésiter, Trouna se dépouilla de son manteau et s'élança au secours de son compagnon.

Presque au même instant apparut à fleur d'eau un énorme requin dont le dos squammeux jetait mille reflets au soleil.

La position était terrible, non pas pour Anderson qui, par bonheur, s'était cramponné à un récif et se trouvait maintenant hors des atteintes du monstre, mais pour Trouna qui, préparé à un sauvetage, ne l'était point du tout à soutenir un combat. Son intrépidité ne se démentit pas néanmoins en cette circonstance. Nageant d'une main, il tira de l'autre son kriss, dont il coupa sa ceinture à laquelle il fit un nœud coulant. Ces préparatifs achevés, il observa et parut défier son formidable ennemi.

La longueur du requin pouvait être de dix à onze pieds, sa plus large circonférence de trois pieds et demi. L'eau jaillissait et bouillonnait avec furie sous les coups répétés de sa large queue et de ses puissantes nageoires.

Lorsqu'il aperçut le Javanais, dont la longue chevelure lustrée flottait à quelques pieds devant lui, le requin fit entendre un singulier claquement de mâchoires, et se dirigea vers sa victime qui disparut aussitôt. Trouna venait de plonger ; mais son exemple fut suivi par le requin, qui plongea aussi. Tous deux reparurent peu après : l'homme d'abord, le requin ensuite ; l'un toujours nageant et toujours armé de son kriss et de sa corde, l'autre toujours turbulent et tourmentant la mer à grand bruit. Même poursuite, même attaque, même défense, même retraite. Cette fois, l'homme attendit, pour disparaître, que le monstre fût arrivé à une demi-encâblure de sa tête, et plongea précisément sous le ventre du requin. Pour la seconde fois, celui-ci s'enfonça à sa poursuite; mais, au même instant, l'homme reparut du côté opposé, brandissant sa corde et son poignard. Il venait de blesser le monstre, et le flot déjà se teignait de sang.

L'animal, furieux, revint à la surface de l'eau presque en même temps que l'homme, et fit force de nageoires pour l'atteindre. Un horrible tumulte de vagues s'éleva de nouveau : les deux combattans redescendirent perpendiculairement dans le même gouffre; on ne vit plus rien...

On ne vit plus rien pendant près de vingt mortelles secondes. Pendant tout ce temps, le pâle Anderson, debout sur son récif, demeura immobile d'épouvante, attendant l'issue du combat. Il frissonnait à voir la vague s'arrondir et tournoyer sur elle-même, en se couronnant d'une sanglante écume; il écoutait chaque tressaillement du flot, il lui semblait que, de ces mystérieuses profondeurs, allait sortir quelque sourd gémissement, quelque râle funèbre! Il assistait, par la pensée, à l'horrible lutte qui tourbillonnait au fond de l'Océan.

Tout-à-coup l'eau jaillit avec force, et deux bras s'agitèrent en signe de victoire! C'était Trouna-Jaya qui, de retour de son expédition sous-marine, cherchait à rassurer son compagnon.

L'intrépide nageur, toujours armé de son kriss, fendit la lame avec impétuosité; et se dirigea vers la pointe de roche qui servait, pour ainsi dire, de piédestal au missionnaire. Mais, quelles que fussent sa vigueur et son habileté, il n'avançait qu'avec peine, et paraissait lutter, en nageant, contre la résistance d'un corps qu'il traînait à sa suite. C'était le monstrueux requin, dont les mâchoires, en se refermant, avaient été étreintes par le nœud coulant, et qui, remorqué par son vainqueur, flottait, le ventre ouvert, à la surface de l'eau, épuisant le reste de ses forces dans des secousses inutiles.

Anderson se jeta à genoux, et remercia le ciel d'une protection si miraculeuse.

Le nageur toucha le rivage et tira le requin après lui. Les entrailles du monstre se répandirent hors de sa blessure : il était mort.

— N'êtes-vous pas blessé? demanda Anderson à Trouna-Jaya.

Et, en lui adressant cette question, il interrogeait du regard sa poitrine brune et haletante, et ses bras ruisselans...

— Rien, répondit le proscrit : une légère égratignure au bras gauche...

Ce n'était pas une égratignure, mais une profonde morsure que lui avait faite le requin.

Anderson déchira son mouchoir pour étancher le sang qui sortait à larges gouttes, et regarda plus attentivement la blessure...

A la partie supérieure du bras, près de l'aisselle, la chair était profondément entaillée; mais la dent aiguë n'avait pas pénétré jusqu'à l'os.

Rassuré à cette vue, Anderson, après avoir essuyé le sang, commençait à placer l'appareil, lorsque tout-à-coup il s'arrêta en jetant un cri de surprise...

A côté de la blessure, il venait d'apercevoir les traces d'un signe, bien reconnaissable pour lui, mystérieux stigmate imprimé dans la peau à l'aide du tatouage, et qui figurait UNE CROIX!

— C'est toi! s'écria Anderson lorsque sa vive émotion lui permit enfin de parler... C'est toi, mon enfant!!

Et il serra le proscrit sur son cœur avec effusion.

Il venait de retrouver l'homme qu'il cherchait. C'était là, en effet, Djelma-Bessar, l'enfant qu'il avait arraché au glaive d'Aroun, trente années auparavant, l'enfant prédestiné de son dévouement et de son adoption.

Trouna-Jaya se trompa sur les causes de cet attendrissement, qu'il attribua à un vif sentiment de reconnaissance. Rendant son étreinte au vieillard, il lui dit :

— Je suis fier de ton approbation, mon père, et mon cœur se réjouit lorsque tu m'appelles ton enfant! Soit loué Mahadéva qui m'a mis en présence d'un danger, et qui m'a donné la force de l'affronter pour te secourir! Mais je ne pouvais, en vérité, te laisser en proie au requin. Ce que j'ai fait, tout autre l'eût fait à ma place.

— Ne remercie pas Mahadéva, reprit le vieillard. Ce n'est pas lui qui t'a rendu victorieux.

— Ce n'est pas lui? quel blasphème!! Et c'est au moment où sa puissante main nous arrache tous les deux à une mort certaine... c'est alors que tu viens me dire : « Ce n'est pas lui ! » Et qui donc, vieillard? Toi, qui as le cœur noble et miséricordieux, serais-tu impie? diras-tu de telles choses devant moi, et faudra-t-il que je renonce à t'appeler mon père?

Pour toute réponse, Anderson lui désigna le signe sacré qu'il portait au bras gauche.

— Qui t'a fait cette marque? lui demanda-t-il.

— Un des savans aïdas qui m'ont élevé. Cette figure symbolique signifie les quatre points de l'horizon : Outara, que vous appelez le Nord; Salatan, ou le Sud; Rimour, c'est-à-dire l'Est; Barat enfin, qui est l'Ouest. En m'expliquant cela, les sages vieillards ont ajouté que je lancerais mes flèches dans ces quatre directions, et que je porterais la gloire de Siva dans les quatre régions qui bornent le monde.

— Le monde est donc borné par quatre grandes terres?

— Comme la sagesse est alimentée par quatre védas (1); oui, mon père.

— Et quelle main soutient le monde?

— Silence! répondit gravement Trouna-Jaya: chacun sait que la terre est portée par un bœuf; le bœuf par une pierre, la pierre par un poisson, le poisson par l'eau, celle-ci par l'air, l'air par les ténèbres, les ténèbres par la lumière.

— Et la lumière? interrompit Anderson...

— Par rien du tout, répondit le chasseur avec quelque embarras.

Puis, comme un sourire passait sur les lèvres du saint homme:

— De quoi souris-tu? demanda-t-il à Anderson.

— De la prédiction des sages vieillards qui t'ont élevé. Ils ont prophétisé la gloire à un enfant: et tu as mordu à ce fruit qui est plein de cendre. Défie toi de la louange, mon fils, comme d'un poison; aime l'humilité comme l'ambroisie. Tu parles de science: il n'en est qu'une désirable, et Dieu me donnera la force de te l'enseigner.

— Tu parles de Dieu?.. c'est Brahma que tu veux dire?

— Non.

— Mais il n'est pas d'autre dieu que Brahma, après Siva et avant Vichnou... Brahma, c'est l'âme de ce monde visible; c'est lui qui, tour-à-tour,

---

(1) Le Sâma-Véda, le Rig-Véda, l'Yadjour-Véda, et l'Atharvan-Véda. Ce dernier livre est regardé comme le plus moderne. W. Jones donne aux Védas une antiquité de 1500 ans avant J.-C.

se produisant au dehors ou rentrant en lui-même, crée ou anéantit toute chose. L'intervalle de temps qui reste comme enseveli dans l'inaction s'appelle une nuit de Brahma. Nous appelons un jour de Brahma le temps qu'il daigne se manifester. Un kalpa se compose d'un jour et d'une nuit; et cette période sainte renferme quatre cent trente-deux millions de nos années humaines; mais qui peut connaître le nombre de ces kalpas, puisque Brahma est éternel? Oui, quand ce Dieu, comme fatigué d'avoir soutenu sa création, commence à se replier sur lui-même, tout disparaît, et les siècles s'écoulent sans être mesurés par les révolutions du soleil. Il dort : tous les êtres s'endorment avec lui, l'âme de la nature est assoupie, le mouvement du Grand Esprit a cessé, les ressorts matériels se brisent, et les élémens confondus sont absorbés dans le Grand Etre. Mais s'il s'éveille, alors le monde renaît, tout reprend avec l'existence une force nouvelle; l'esprit circule, une secrète énergie allume la matière, et tout proclame le réveil de Brahma qui semble se jouer en formant l'univers!

— C'est un rare trésor que la science, reprit Anderson, et rien ne doit coûter à qui veut l'acquérir; il n'existe ici bas que trois choses qui ne portent qu'un vain nom, a dit Manou, l'un de vos sages : c'est un éléphant de bois, une antilope de paille et un homme sans instruction. Mais c'est en creusant la terre qu'on trouve l'eau, c'est en méditant qu'on rencontre la science. Il ne suffit pas d'interroger les fictions allégoriques des poètes, dont le langage est souvent menteur : il faut chercher plus loin, et surtout plus haut.

— Rien n'est plus haut que Brahma, dit le chasseur avec enthousiasme : il remplit tout, il est partout, il absorbe tout ! Il s'est révélé quelquefois aux sages mounis de l'Inde, et nos panghoulous indigènes le contemplent dans leurs extases.

— Ressemble-t-il à vos grossières idoles ?

— Il est assis sur un trône de lotus, environné de puissance et de majesté : une couronne brille sur sa tête ; ses mains soutiennent la massue et le disque resplendissant : le feu est moins ardent que son regard, le soleil est moins radieux ; c'est le dieu de la gloire, c'est le dieu créateur.

Lorsqu'il voile sa face divine, alors, au lieu du soleil vivifiant, c'est une lune bienfaisante, un rayonnement calme et tempéré : c'est le dieu de bonté et de miséricorde.

Parfois aussi son aspect devient formidable. C'est un géant qui remplit l'espace ; ses yeux étincellent, ses bras se lèvent pour frapper, ses bouches démesurées s'ouvrent comme des fournaises, et dans ces bouches terribles et béantes viennent s'engouffrer les générations, comme dans l'Océan accourent les fleuves ; comme aux flammes de la torche accourent les insectes de la nuit ! Alors, Brahma, ce n'est plus le dieu de gloire, ce n'est plus le dieu de bonté : c'est le dieu de colère, le dieu destructeur ! c'est le temps qui dévore tout pour tout reconstruire.

Telles sont les trois apparences de Brahma.

Mais il ne se révèle, je te l'ai dit, qu'aux brahmans instruits dans l'interprétation des védas ; a ceux qui connaissent non-seulement la lettre, mais l'esprit de ces livres sacrés sortis de la bouche de Dieu même ! Or, parmi les brahmans qui ont enseigné ma jeunesse, il y en avait un, plus habile que les autres à diriger les sacrifices, et qui a vu les choses merveilleuses que je viens de te dire. Il a joui de la vue anticipée de Brahma; et son âme heureuse, détachée à la fin de son corps comme l'oiseau de la branche, est allée se réunir à l'essence du Grand Etre... C'est lui qui a gravé sur mon bras le signe que tu vois...

— Lui? fit Anderson d'un air incrédule...

— Lui-même, répondit le chasseur... Mais, tiens, voilà déjà deux fois que je surprends le sourire sur tes lèvres, tandis que je te parle du dieu que j'adore et des saints hommes qui m'ont élevé... Si tu persistes à te moquer de ce qui est sérieux, écoute bien : les deux amis d'hier se sépareront, je t'en avertis. Tout mouillé encore de l'eau de la mer, et si récemment échappé à la mort, tu as tort de secouer la tête et de ne pas croire : jouir des biens que Dieu nous accorde sans l'en remercier, c'est le fait d'un larron et d'un ingrat. Veux-tu que je t'appelle ainsi?

Anderson vit bien que les convictions religieuses de Trouna-Jaya étaient trop fortement enracinées pour être extirpées du premier coup. Les premières leçons s'étaient profondément gravées dans cette âme de bronze et y étaient demeurées ineffaçables. Ce n'était donc pas de front qu'il fallait attaquer ce caractère indomptable; une attaque trop directe produirait en lui la révolte. Déchirer brusquement le voile qui lui couvrait les yeux, c'eût été le frapper d'aveuglement, et non pas lui montrer le jour. Anderson comprit cela et résolu d'attendre que le moment de la grâce fût arrivé.

Toutefois, il eut bien souvent occasion de préparer le cœur de son fils à ces hautes révélations, qui n'étaient qu'ajournées et qui devaient un jour régénérer cette sauvage nature comme l'eau du ciel féconde un sol rebelle et desséché. Bien des fois les religieuses méditations du vieillard, ses longues prières à genoux devant le crucifix qu'il portait toujours sur lui, la récitation de son office divin, furent des sujets d'étonnement et de nombreuses questions pour Djelma, qui put dès lors se convaincre que son ami, lui aussi, adorait et bénissait le Dieu des mondes. Dans plus d'une circonstance les réponses du bon prêtre firent une vive impression sur le guerrier, qui sentait alors sa croyance flotter dans le doute, et se demandait qui donc, du saint homme ou de lui-même, adorait le vrai Dieu? Ces lueurs, pour n'être que passagères, n'en éclairaient pas moins les ténèbres de la route, et faisaient espérer beaucoup au zèle persévérant d'Anderson.

Pour le moment, avons-nous dit, le prudent vieillard crut devoir garder le silence sur l'origine de cette croix que Trouna-Jaya portait au bras gauche; en effet, pour le tirer d'erreur, il eût fallu taxer d'imposture la déclaration du sage brahman de Madouré, qui avait expliqué ce signe sacré à sa manière; et, ayant à choisir un imposteur, il est assez probable que l'exalté jeune homme n'eût pas balancé entre la mémoire vénérée du prêtre indien et le missionnaire inconnu, et qu'il eût, sans hésiter, donné tort à celui-ci.

Anderson se borna à déclarer au chasseur que sa naissance n'était point obscure, qu'il était de race noble et de sang royal.

— Noble, je le savais, répondit Trouna; tout enfant je portais une bague en or au pouce de la main droite; ce qui, comme tu le sais, est un signe de haute extraction. Mais qui t'a dit que je fusse de sang royal ?

— J'étais à Matarem lors de la terrible apparition du mordecchi, il y a trente ans; et c'est à Matarem que tu es né...

— A Matarem !

— Tu es le fils d'Ario-Pougar...

La physionomie de Trouna-Jaya s'éclaira d'une lueur subite à ces derniers mots : « Fils d'Ario-Pougar ! »

C'est qu'en effet cela voulait dire : fils d'un gouverneur de province et neveu d'un roi !

Il est vrai qu'Anderson ajouta aussitôt, comme correctif, pour rabattre les fumées de cette vanité naissante :

— Fils d'Ario-Pougar... et d'une esclave venue du pays des Dayas.

Trouna ne put réprimer un tressaillement, et se mordit les lèvres.

— Je veux voir mon père, dit-il après un moment de silence. Allons le chercher : il est gouverneur de Samarang.

Et prenant le bras d'Anderson, il fit quelques pas d'un air rêveur.

— Mon nom vulgaire, mon nom de proscrit est Trouna-Jaya, reprit-il avec un accent solennel; mais mon nom kawi, mon nom sacré est Djelma-Bessar; c'est celui-là que je préfère : appelle-moi désormais ainsi.

Anderson ne demandait pas mieux que de se conformer à ce désir : des deux noms que portait le chasseur, c'était celui-là aussi qu'il préférait.

Les deux compagnons se remirent en route et s'avancèrent vers Samarang.

Quoique neveu de roi, Djelma-Bessar n'en était pas moins Trouna-Jaya, le rebelle et le proscrit. Il lui fallut donc nécessairement user de quelque précaution en approchant de la ville. Djelma se cacha dans des ruines, aux environs du village de Banyou-Kouning, et ce fut le bon missionnaire qui s'achemina seul vers la principale entrée de Samarang.

Ario-Pougar, de retour d'une tournée qu'il avait faite ce jour-là hors des murs, fut abordé par Anderson, qui lui révéla l'existence de son fils.

Le pandjéran voulut voir Djelma, qui lui fut amené le soir même.

On sait le reste.

V

LE MESSAGE.

Djelma-Bessar raconta au pandjéran les premières années de sa jeunesse : années d'études et de méditations et de laborieux exercices.

— Tout enfant, dit-il, j'assouplissais mon corps et je fortifiais mon esprit. Je sentais que des caractères étranges avaient été tracés sur mon front (1), et je ne voulais pas faire mentir la pa-

---

(1) Le peuple, dans l'Inde, croit que six jours après la naissance d'un enfant, le dieu Vidhâtâ (ou Brahma créa-

role infaillible qui m'avait promis un avenir de soldat.

» Lorsque le douzième nœud (1) fut ajouté à ceux qui entouraient mon horoscope, j'étais déjà fort et hardi, et j'allais dans les bois chasser les buffles sauvages et les antilopes légères.

» Un matin, armé de ma sarbacane et de mes flèches, je m'enfonçai dans l'épaisseur d'une forêt, bien résolu à chasser tout le jour.

» Je fis une rencontre singulière.

» Dans cette forêt, un homme de mon âge chassait aussi, menant grand bruit à travers les futaies, et soufflant avec rage dans une corne de buffle, comme ceux de Timor lorsqu'ils entrent en guerre.

» Nous nous croisâmes une première fois.

— Pourquoi, lui dis-je, jetez-vous cette clameur ? Ne voyez-vous pas que les animaux prennent la fuite à votre approche, que les kasoars pesans s'envolent aussi légers que les loris rapides ? Chasseur, n'effrayez pas le gibier que vous voulez atteindre. Le bruit est de trop lorsqu'il suffit de la ruse. L'éléphant se défie des éclats

---

teur), vient visiter les parens, et écrit le destin de l'enfant sur son front. Personne ne reste dans la maison que la mère et son nourrisson, et on laisse, à côté du nouveau-né une plume et de l'encre. (Langlois : Monumens littéraires de l'Inde, p. 262. C'est à ce savant ouvrage et au Théâtre indien du même auteur, que nous devons une partie des renseignemens consignés dans ces notes.

(1) A la naissance d'un enfant, on inscrit sur un rouleau de papier les calculs faits sur sa nativité. Ce rouleau est attaché avec un fil, auquel on fait un nœud chaque année.

de trompettes; mais, attiré pas à pas dans le bourbier, il devient la proie du 'jakal.

« L'étranger partit d'un rire grossier en m'écoutant; et, comme je portais une fleur en or dans ma chevelure, à l'instar de ceux de mon rang, il vint à moi et me dit : « Donne-moi cette fleur ! »

» Demander à un Javanais de noble race le soumping qui se balance sur son oreille, c'est une injure aussi grave que si l'on tentait de lui arracher son kriss de famille...

» Je refusai donc, faisant effort sur moi-même pour rester calme et froid, tandis que mon cœur battait à soulever ma poitrine.

» L'étranger poussa un second ricanement et disparut.

» Je me croyais débarrassé de ce fâcheux compagnon, lorsque, à quelques centaines de pas de là, arrivé au point de jonction de trois sentiers sauvages, et délibérant lequel des trois je choisirais, il me sembla reconnaître le son de trompe de mon bruyant chasseur.

» Sans doute il était aux environs; mais je résolus, en cas de nouvelle rencontre, de le laisser passer cette fois sans lui adresser la parole.

» Il déboucha d'un taillis, au plus rapide galop de son cheval, et, s'arrêtant une seconde fois devant moi, il me dit :

— Donne-moi ton kriss !
— Qu'en veux-tu faire ?
— Le comparer avec le mien, pour savoir si l'arme du chef ressemble à celle de l'esclave.

— L'arme du noble est attachée à ma ceinture, repris-je, et elle ne sortira de sa gaîne de satrian que pour entrer dans ton cœur et y boire ton sang, si tu continues à me parler ainsi !

— Tu portes le kriss dans la gaîne de satrian, toi?... continua-t-il avec arrogance. Par Mahomet le prophète, si cela est, où l'as-tu donc volé ? car une pareille lame, dans un tel étui, ne doit point briller au flanc d'un esclave.

— Je ne suis point esclave, et surtout je ne suis point renégat ! Les prêtres de Madouré qui m'ont élevé m'ont transmis, avec leur foi, ce trésor de fierté et de courage qui distingue ceux de la race guerrière. L'anneau d'or que voici et la poignée de mon kriss t'apprennent, si tu tiens à le savoir, que je suis un khatriya (1), et que l'imprudent qui m'insulte doit être décidé à se défendre. Ainsi donc, si tu veux voir mon poignard, le voici : tire le tiens et nous comparerons !

— Tu te dis khatriya, et tu mens ! répliqua mon lâche adversaire : tu es le fils du néant et du hasard. Quelque misérable soudra t'a abandonné à ta naissance sur une grève déserte, et les vieillards t'ont recueilli par miséricorde, pour ne pas laisser mourir sans secours une créature de Dieu. Quant à moi, que tu provoques, je ne puis ac-

---

(1) On connaît les quatre grandes divisions sociales de l'Inde : les brahmans (ou prêtres), classe privilégiée, sortie du front de Brahma, comme Minerve du cerveau de Jupiter ; les khatriyas (guerriers), sortis de son bras ; les veyssias (marchands), sortis de sa cuisse, ce qui rappelle la naissance de Bacchus ; enfin la caste des soudras, sortie de son pied, et à laquelle appartiennent les esclaves.

cepter le combat avec le premier venu. Regarde-moi en face, et cherche à te rappeler qui je suis.

— » Je te regarde, lui dis-je, et je ne te reconnais pas.

— Je suis Amang-kou-Nagara, fils de l'empereur.

— Koural-Mas!! m'écriai-je.

— L'héritier du trône de Matarem; et maintenant, fléchis le genou, esclave! et viens essuyer la sueur qui ruisselle aux crins de mon cheval !

» J'avais entendu parler souvent de Koural-Mas: je savais que les plus vicieux penchans se disputaient cette âme orgueilleuse et féroce; je savais que le ressentiment d'un tel homme était plus à craindre que le poison corrosif du reptile de nos marais. Mais les traits de son visage m'étaient inconnus. Comment donc me connaissait-il, lui ? et pourquoi venait-il croiser mon chemin ?

» Une horrible hésitation s'empara de moi. Cet homme se disait fils du prince, et il disait vrai. Je ne sais quoi, dans toute sa personne, m'avertissait, à n'en pas douter, que c'était là, en effet, l'héritier cruel, l'héritier détesté du trône de Matarem. Une évidence irrésistible me clouait sous le regard de cet étranger, qui était mon maître; de cet aggresseur insolent qui un jour serait mon roi !

Oh! si j'avais su alors ce que je sais aujourd'hui! si le secret de ma naissance m'avait été dévoilé !! si j'avais pu répondre à cet homme :

— Je suis le fils du pandjeran Ario, du pandjeran Pougar, frère de ton père, et dépouillé par lui! je suis le fils du vrai monarque, et tu n'es, toi, que le fils de l'usurpateur....

» Si j'avais pu lui dire cela, et le jeter bas de son cheval et fondre sur lui, le kriss à la main, et désaltérer ma colère dans son sang!

» Mais je me croyais alors un simple khatriya; et quoique cet homme eût juré par Mahomet (ce qui suffisait peut-être pour rendre notre combat légitime), je vins à penser que nos lois défendaient de porter la main sur un prince du sang, et cette pensée m'arrêta.

» Ce fut un immense sacrifice!

— Des deux couteaux qui arment ma ceinture, lui dis-je, l'un signifie que les arbres, l'autre signifie que l'herbe des champs seront coupés par moi sur un seul mot, sur un signe de mon souverain. Parlez donc et ordonnez, fils de Man-Koural Ier : je suis prêt à vous obéir ! désignez-moi vos ennemis, je les abattrai comme des palmiers, je les faucherai comme des roseaux !

— Je t'ai dit, esclave, que le poitrail de mon cheval ruisselait de sueur, reprit Koural-Mas avec dérision. Approche-toi donc sur les genoux, et fais ce que je t'ai ordonné...

» C'était trop! ma fierté, déjà si violemment refoulée par ma prudence, n'en put supporter davantage... Je jetai un cri de fureur et je m'élançai sur Koural-Mas.

» Heureusement pour lui son cheval se cabra. Le noble animal servit de bouclier à son maître : le fer acéré lui entra tout entier dans la poitrine, et il s'abattit avec un hennissement de douleur.

» Koural-Mas se jeta de côté et attendit, frémissant et immobile : l'impétuosité de mon élan l'avait dompté.

Cependant il porta la main à sa ceinture, et

dégaîna son kriss. Mais aussitôt son bras, emprisonné dans une étreinte de fer, laissa tomber l'impuissante lame. Je le désarmai.

» Telle fut ma première rencontre avec Koural-Mas.

» Répondant à son insulte par le dédain, je laissai là mon adversaire, et continuai ma chasse dans la forêt.

» Une autre fois, bien des années après, je le revis. Mais cette fois nous étions, lui à la tête de ses soldats, moi à la tête de mes montagnards. Il défendait Matarem, que je pris d'assaut. Je le reconnus tandis qu'il fuyait.

» Je ne l'ai pas revu depuis. »

Djelma-Bessar, en racontant ainsi au pandjéran Ario l'origine de sa haine pour Koural-Mas, ne lui dissimula pas que de cette haine était née sa rébellion.

— Sans cette première rencontre dans la forêt, ajouta-t-il, peut-être n'aurais-je jamais songé à prendre les armes. Oui, mon cœur eût été faible à ce point, de ne pas s'émouvoir des seules misères de la patrie! Il fallait à mon courroux le puissant aiguillon d'une injure personnelle!... C'est un bien coupable égoïsme que celui-là, n'est-ce pas, mon père? Mais je m'étais promis de tout vous dire, et je vous ai tout dit.

— Maintenant que feras-tu? demanda Ario dont la satisfaction, pendant tout ce récit, avait été manifeste.

— Vous me le demandez, mon père? répondit Djelma. Ai-je donc achevé ma tâche? les Hollandais ne sont-ils plus maîtres de l'île? Koural-Mas, qui a fait mettre ma tête à prix, n'est-il pas

vivant? et vous, mon père, n'êtes-vous pas exilé?
Oh! à tant de griefs de sang, je ne prévoyais pas
qu'aujourd'hui viendrait s'ajouter celui-là!! Si
ma révolte n'était pas légitime, elle le deviendrait
à présent! car ce n'est plus seulement la foi des
aïeux que je défends, le sol de mon pays que je
dispute pied à pied à l'occupation étrangère; c'est
vous, mon père, vous que je venge! vous, qui
avez trop souffert, et qu'il est bien temps de consoler; vous, l'exilé, qui devriez être roi, et qui
le serez, je vous le promets!..

— Ne dis pas cela! ne parle pas ainsi! murmura le vieillard ému, en étendant vers Djelma
ses mains tremblantes.

— Je dis, mon père, que cet exil de Samarang
n'a que trop duré, et que nous vous conduirons à
Sourakarta.

— Mais mon frère,.. mon frère vit encore! et
je ne veux pas que sa faiblesse soit punie comme
un crime. Non, non! qu'il règne long-temps encore, et paisiblement! J'ai vécu jusqu'à présent
dans l'exil, je veux y mourir. Maintenant, d'ailleurs, la mort me sera douce, puisque je t'ai
revu.

— Ainsi, reprit Djelma, les méchans recueilleront en paix le prix de leurs crimes? ainsi vous
voulez que Man-Koural garde jusqu'à son lit de
mort le sceptre impérial qu'il vous a volé? et
qu'après lui, son fils, le digne petit-fils d'Aroun-
le-Cruel, s'empare de ce pouvoir envié de tous?

— Je ne souhaite pas le trône, te dis-je,
Djelma...

— Mais au moins est-il temps que cette persécution finisse... Dites, ne souhaiteriez-vous pas, mon père, que la liberté vous fût rendue, et qu'en échange de ce trône que vous leur abandonnez si généreusement, vos persécuteurs vous permissent enfin d'habiter la ville impériale ?

— Moi, retourner à Sourakarta ?
— Sans doute.
— Revoir mon frère ?
— Pourquoi non ?
— Mais il m'a repoussé comme un prétendant redoutable !
— Qu'il se repente, et qu'il vous rappelle auprès de lui. A ce prix, je lui pardonne.
— Tu lui pardonnes ! Oublies-tu donc, insensé, que toi-même tu es proscrit ?
— Qu'importe ? je suis vigoureux et hardi : la proscription n'a pas de prise sur mon courage. J'ai de longs jours pour me venger. C'est de vous qu'il s'agit, mon père, et non pas de moi.

Ario devint pensif.

C'est qu'en effet plusieurs fois le vieillard avait entrevu dans ses rêves cette possibilité de retour et de pardon.

Quelquefois, en regardant Apsara et se sentant plus triste et plus découragé qu'à l'ordinaire, il s'était sérieusement demandé si ses droits de père allaient jusqu'à pouvoir disposer de la jeunesse de cette enfant. Qu'avait-elle fait pour être, elle aussi, condamnée à l'exil ? Il se reprochait de l'avoir associée à sa longue infortune ; et, dans ces momens, il appelait de tous ses vœux le jour d'une réconciliation que les années, en s'amoncelant, avaient rendue presque impossible.

Lorsque Djelma eut réveillé au cœur d'Ario cette pensée du retour, qui n'était qu'assoupie, elle y prit, à son insu, une force toute nouvelle. Seulement, à mesure que le désir grandissait, les difficultés à vaincre, les obstacles à surmonter grandissaient aussi.

Qui donc se chargerait de sonder les dispositions actuelles de l'empereur ? qui lui porterait les paroles conciliatrices du proscrit ? Qui serait assez hardi, assez dévoué pour plaider la cause du frère contre le frère, pour défendre Ario dans un palais tout rempli de la puissance de Speelman ? On se rappelle en effet que l'influence du gouverneur n'avait pas été étrangère au bannissement d'Ario ; et l'envoyé qui se rendrait à Soura-Karta pour obtenir de l'empereur le rappel du pandjéran devrait s'attendre à rencontrer plus d'un contradicteur sur les marches du trône.

Anderson, consulté sur cette importante question, ne dissimula pas à ses nouveaux amis la difficulté de l'entreprise ; mais il fut d'avis qu'elle devait être tentée.

— Les princes, ajouta-t-il, habituellement entourés de flatteries et de mensonges, ne doivent pas être jugés aussi sévèrement que les autres hommes. Si la foule, qui les voit de loin, leur attribue quelquefois des vertus qu'ils n'ont pas, elle leur prête aussi des vices qu'ils ignorent. Man-Koural Ier a fait succéder un règne débonnaire à un règne terrible. Les cruautés de son père l'ont plus d'une fois épouvanté. Comme vous le disiez, noble Ario, son âme est faible, son caractère irrésolu. Il n'a pu se soustraire à l'influence européenne, et c'est ce qui lui a ôté la confiance et l'amour de son peuple. Mais qui vous dit que les persécutions qu'il exerce ne tourmentent pas son sommeil? qui vous dit que son cœur ne saigne pas au souvenir du sang et des larmes qu'on lui a fait répandre? Je vous ai parlé du commencement de son règne : reportez-vous à cette époque, Djelma-Bessar, et peut-être jugerez-vous Sid' Aroun-Man-Koural avec moins de sévérité...

— Sid'Aroun! répéta Djelma avec un sourire de mépris... oui : ce sont là ses noms! des noms étrangers, venus du pays des infidèles, et qu'il a ajoutés au sien! Que n'a-t-il visité la Mecque? il signerait Hadji-Aroun, il porterait le turban vert : ce serait un croyant accompli... Et c'est là un monarque du sang de Matarem! Honte et profanation! Un turban sur sa tête rasée! une mosquée dans son palais! c'est plus qu'il n'en faut pour le condamner cent fois! L'homme qui trahit son Dieu doit sacrifier sans remords pays et famille... Le renégat n'a ni patrie ni enfans!... Quant à moi, je regrette amèrement qu'un tel homme soit mon oncle. J'aimerais mieux dire au léopard vorace, au babiroussa immonde : Vous êtes mon frère et ma sœur!

Ario, qui, au fond du cœur, approuvait cette indignation, apaisa son fils du geste, et se tourna vers Anderson, comme pour lui demander ce qu'il y avait à faire.

Le missionnaire n'eut pas le temps de répondre. Un bruit semblable à celui d'un galop de cheval retentit tout-à-coup au dehors; presque aussitôt ce bruit s'arrêta, et l'on heurta aux portes du palais.

C'était un messager, haletant et couvert de poussière, qui arrivait de Sourakarta, porteur d'une dépêche adressée au pandjéran; cette lettre était scellée du sceau de l'empire et de celui du gouverneur hollandais.

Un étrange sourire parut sur les lèvres de Djelma-Bessar, à la vue de ce double cachet.

Quant au tremblant Ario, il prit en pâlissant la dépêche des mains du courrier, et, se rappelant les lugubres pressentimens qui l'avaient agité quelques heures auparavant, il se dit à voix basse :

— Le nouveau malheur que je craignais...

La lettre était signée de Speelman, et annonçait au pandjéran la maladie de l'empereur.

— Mon frère malade, s'écria Ario... mon frère en danger de mort!!

Et il relut avec anxiété la cruelle missive, qui était ainsi conçue :

« Lettres et salutations cordiales de l'amiral Speelman, gouverneur-général, commandant en chef les forces de terre et de mer aux Indes Néerlandaises;

» A son petit-fils (1) et ami, l'illustre Ario-Pougar, pandjéran de la province de Samarang.

---

(1) Ces titres de fils, petit-fils, etc., pourront paraître singuliers à ceux qui ne connaissent pas les usages des orientaux, qui expriment les degrés de leur respect ou de leur affection par des degrés de parenté, en observant que les titres de parens âgés, d'aïeux, etc., indiquent le plus de vénération. C'est ainsi qu'un Javanais nommera son supérieur grand-père, tandis que celui-ci lui donne le titre de tjoutjou (petit-fils), ou d'anak (fils). Le gouverneur-général, le lieutenant gouverneur-général, etc., sont toujours nommés grands-pères par les Javanais qui leur adressent des lettres.

(Major de Stuers, Histoire des guerres de Java.)

» J'ai la douleur de vous annoncer que le chef de cet empire, l'excellent prince Sidi-Tagal-Aroun Man-Koural, sultan de Matarem, votre illustre frère, est dans un état d'abattement et de maladie qui fait désespérer de ses jours. Les plus savans et les plus sages s'accordent à pronostiquer sa fin prochaine.

» En cet état de choses, j'ai cru devoir mander à mon petit-fils et ami, le pandjéran Pougar, le danger imminent du sultan de Matarem, afin de nous assurer de sa bonne et loyale assistance, en cas de secousse ultérieure ou de tentatives de rébellion sur toute l'étendue du territoire commis à sa surveillance. Il aura donc, les présentes lettres reçues, à se tenir prêt à tout événement. Si, ce qu'à Dieu ne plaise, l'excellent sultan de Matarem vient à succomber, tous les pandjérans devront s'unir pour garantir les droits de son successeur, Amang-Kou-Nagara, plus communément appelé Koural-Mas, héritier présomptif du titre et de la couronne des sultans. Mon espoir et mon désir sont que vous nous seconderez en cette triste circonstance. Ce sera le plus assuré moyen de vous réconcilier avec nous. Quant à moi, je n'ai rien plus à cœur que de vous prouver ma sincère amitié. Agissez en conséquence; et puissiez-vous me convaincre bientôt que votre grand-père, l'amiral Speelman, n'a pas eu tort de compter sur le dévouement de son petit-fils. »

Si la lecture de cette lettre remplit l'âme d'Ario d'une douleur profonde, la surprise qu'elle lui causa ne fut pas moindre. C'était, en effet, quelque chose d'assez étrange que ce langage bienveillant, presque affectueux de l'amiral hollandais. Pour qui connaissait sa politique, un tel langage avait une signification toute particulière : cela voulait dire que de graves événemens étaient sur le point de s'accomplir et que les conquérans de Djakatra tremblaient pour la tranquillité de leurs possessions. Dans ces momens de crise solennelle, l'amiral avait pour habitude constante d'adoucir son geste et sa parole, naturellement courtois, et de gagner de proche en proche autant de sympathie qu'il redoutait d'en perdre. Cette urbanité, flatteuse dans les formes, n'excluait pas la vigueur : on pouvait appliquer à cette politique de prudence et de ménagemens l'axiôme célèbre : Suaviter in modo, fortiter in re.

L'état alarmant de l'empereur était une raison de plus de se hâter pour tenter une réconciliation entre lui et son frère. Anderson s'offrit comme négociateur.

— Je me chargerai, dit-il, de cette démarche. Et comme elle ne peut être différée, je partirai ce soir même...

— Ce soir ! répétèrent à la fois Ario et Djelma.

— Mais y songez-vous ? lui dit Ario. Repartir ainsi ! vous exposer aux fatigues, aux dangers d'un voyage entrepris seul... à votre âge...

— Qu'importe l'âge ! j'ai là, dans le cœur, une force qui me soutient...

— Et si cette force vous manque, mon père, interrompit Djelma-Bessar, vous vous appuierez sur mon bras !

— Tu l'accompagneras donc ? s'écria Ario dont les alarmes redoublaient.

— Sans doute.

Cette résolution fut prise naturellement, simplement, comme s'il se fût agi d'un trajet ordinaire à entreprendre; comme si le danger et peut-être la mort n'eussent pas dû l'attendre au bout du chemin.

Anderson combattit vainement la généreuse résolution de Djelma-Bessar; celui-ci fut inébranlable.

Il fut convenu seulement que le proscrit ne servirait de guide au missionnaire que jusqu'aux limites des états de Sourakarta, et qu'il ne s'aventurerait point dans l'intérieur.

Comme l'avait dit Anderson, il fallait se hâter, car chaque heure qui s'écoulait emportait un lambeau de la vie impériale.

Les préparatifs du départ ne furent pas longs. Le missionnaire et le proscrit se mirent en route ce jour même.

— Nous reviendrons vous chercher, dirent-ils au vieux pandjéran, qui se séparait de son fils avec douleur...

— Le regard de Vichnou vous préserve ! répondit le vieillard : moi et ta sœur nous le prierons pour toi, mon cher fils !

— Ma sœur ! répéta Djelma étonné... j'ai une sœur ?

— Regarde... lui dit Ario, en désignant une des fenêtres du palais.

Djelma leva les yeux, et aperçut derrière un rideau de fleurs entrelacées le frais visage d'Apsara, qui lui souriait.

Ce sourire lui expliqua le mystère de cette précieuse larme qui était tombée sur sa main la nuit précédente, tandis qu'il chantait la chanson du retour, sous la varanda, en s'accompagnant du luth indien.

— Une larme en arrivant! un sourire en partant! telle fut la double pensée de Djelma, tandis qu'il contemplait avec ravissement les traits candides et purs de la jeune fille.

Il sentit alors déborder de son cœur une tendresse immense. Il compara son isolement d'hier à sa félicité présente, et, dans sa profonde reconnaissance pour l'auteur de tant de bienfaits, il inclina doucement son front, toucha le sol de ses deux genoux, et pria...

Il pria pour avoir la force de s'éloigner maintenant, car sa première résolution commençait à fléchir.

Mais la vue de son père, affaibli par l'âge et les chagrins, et qu'il s'agissait d'arracher à l'exil, cette vue fortifia son courage et lui rendit toute sa vigueur.

— Allons! dit-il à Anderson.

— Je t'attendais, répondit celui-ci.

Djelma embrassa une dernière fois Ario, regarda une dernière fois Apsara, et s'éloigna en répétant les derniers vers de la chanson du retour, devenue ainsi la chanson d'adieu :

«.... J'ai respiré avec l'haleine des fleurs qui embaument le
» L'oubli des fatigues et des dangers!...   [treillage,
» Demain, tout-à-l'heure peut-être, il faudra fuir encore,
» Et les cailloux tranchans de la route ensanglanteront mes
» Mais j'emporte du parfum et du bonheur   [pieds.
» Pour toute ma vie ! »

Quelques-unes de ces harmonieuses syllabes parvinrent à l'oreille attentive d'Apsara ; le reste fut dispersé aux vents, ou se perdit dans le trot saccadé des deux petits chevaux arabes qui emportaient nos deux voyageurs.

VI

EN ROUTE. — PREMIÈRE JOURNÉE.

Anderson et Djelma-Bessar (car nous donnerons désormais à ce dernier le nom qu'il préfère), franchirent avec rapidité l'intervalle de quelques milles qui sépare Samarang du petit village d'Oung'arang, situé au pied et sur le versant oriental de la montagne de ce nom. Arrivés là, ils mirent pied à terre.

Le mont Oung'arang fait partie de cette longue arête de montagnes qui, de la pointe occidentale de l'île, à partir du détroit, se prolonge en se bifurquant çà et là, sans jamais s'interrompre, jusqu'aux limites de la province de Sourabaya. Cette formidable chaîne, qui coupe l'île dans presque toute sa longueur, est formée, à sa naissance, de collines assez peu élevées, qui prennent tout-à-coup, sur les confins du royaume de Bantam, les proportions les plus imposantes. Les premières hautes montagnes portent le nom de Pangerangon ou Montagnes-Bleues. C'est entre les provinces de Chériboun et de Soura-Karta, dans la partie la plus étroite de l'île, que s'accumulent les sommets les plus redoutés : le Gounoung-Kandang, le Touren-Terga, le Tagal et le Keddo. A partir du mont Gagok, ce ne sont plus que cimes nuageuses, roches inaccessibles et décharnées, cratères en démence. En avançant toujours vers l'orient, on rencontre le mont Guédé, puis le Soubing et le Sindoro, rois de cette contrée fertile qui s'étend sur les deux territoires de Pajang et de Matarem. A cet endroit la chaîne se rompt et laisse tomber vers le sud deux de ses diamans les plus précieux : le Merbahou et le Mérapi : le nom de ce dernier signifie montagne de feu.

Le mont Oung'arang, au pied duquel étaient arrivés nos voyageurs, est voisin du Sindoro et du Gounoung-Dieng (Mont-des-Dieux). La proximité de ces lieux sacrés parla si éloquemment à l'âme de Djelma, qu'il ne put résister au désir de les revoir encore; et il fit part de ce projet à Anderson.

Nous avons dit que les précédentes études du pieux missionnaire avaient été tournées vers l'archéologie. Il n'est donc pas étonnant que la proposition de Djelma trouvât quelque sympathie auprès de lui. Ce pélerinage était une occasion de visiter de vieux monumens et de déchiffrer de vieilles inscriptions.

Il fit toutefois remarquer à Djelma que le moment n'était point favorable pour une telle exploration. En effet, quoique ces parages fussent déserts et à peu près inaccessibles, on n'en était pas moins à quelques pâls (milles anglais), des limites de l'empire, et cet autre voisinage n'était pas sans dangers pour un proscrit.

Djelma accueillit cette observation par un sourire, et monta à cheval. Anderson en fit autant.

Ils prirent leur course dans la direction de l'ouest, en se guidant sur le sommet du mont Sindoro qui bleuissait dans le lointain bien au-delà du vigoureux profil dessiné par le mont Oung'arang. Ils tournèrent la base de celui-ci, du côté sud, et descendirent dans une profonde vallée que coupait un ruisseau assez large et fort encaissé dans ses rives, taillées à pic et ombragées de bouquets d'arbres formant berceau.

Cette vallée, étroite d'abord, allait s'élargissant peu à peu, puis devenait une immense plaine, bornée à l'horizon par les brumeuses cimes du Soubing et du Sindoro.

Il fallait de toute nécessité traverser le ruisseau pour gagner la plaine.

Les voyageurs s'arrêtèrent un instant sur le bord pour délibérer.

Passeraient-ils à la nage, ou chercheraient-ils un gué? Telle était la double question qu'ils s'adressèrent.

Passer à la nage, cela semblait impossible à raison de la rapidité des eaux qui blanchissaient et

6..

tourbillonnaient dans leur fuite, pareilles à celles d'un torrent.

Quant à traverser le ruisseau à gué, ce mode paraissait également impraticable, l'encaissement des rives ne permettant pas de douter de la profondeur de l'eau.

Djelma sonda en plusieurs endroits, et ne put trouver le fond.

Impatient d'un tel obstacle, il mesura d'un coup d'œil la largeur du ruisseau et parla de le faire franchir d'un seul élan à son cheval.

Cette nouvelle idée fut abandonnée comme les autres.

Anderson proposa une quatrième idée : c'était de rebrousser chemin...

Mais cet avis fut si vigoureusement combattu par son jeune compagnon, que force lui fut d'y renoncer.

Cependant le temps s'écoulait, et le soleil commençait à baisser à l'horizon.

— Il semble, dit Djelma en riant, que la rigueur de nos coutumes doive l'emporter cette fois sur ma volonté !

— Comment cela ? demanda Anderson.

— Oui : l'étiquette défend à un prince du sang de Matarem, si pressé qu'il soit, de traverser un cours d'eau quelconque. Il faut qu'il allonge sa route en côtoyant le fleuve ou le torrent qu'il n'est pas de sa dignité de franchir. Or, vous le voyez, mon père : je suis du sang de Matarem, et me voilà debout sur le rivage, ne pouvant avancer, ne voulant pas reculer, et plus honteux que fier de cette position ridicule.

A peine achevait-il ces mots, que l'attention

de Djelma fut attirée par un bruit d'avirons qui frappaient les flots en mesure, à quelque distance du lieu où il se trouvait.

Il fit un signe de la main à Anderson, et tous les deux écoutèrent attentivement ce bruit, d'abord incertain, et qui se rapprochait de plus en plus.

Un chant bizarre se mêlait au clapotement alternatif des rames; et, porté par le vent, arrivait parfaitement distinct à l'oreille de nos voyageurs.

Voici ce que disait la chanson :

Mort est le chef, le père des guerriers !
    Entrechoquez vos boucliers !

  Notre chef ne s'arrête guère :
  Coupez le câble en jonc tressé ;
  Et que la pirogue de guerre
  S'éloigne du port de Grissé !
    Pour partir, l'équipage
    Attendait le reflux...
    Et les gens du rivage,
    Ne les reverront plus !

Le chef a la voix brève et haute :
C'est lui qui tient le gouvernail...
On dit pourtant qu'il a fait côte
Sur une roche de corail.
    Adieu donc l'équipage
    Qu'emporta le reflux !...
    Nous, les gens du rivage,
    Nous ne les verrons plus !...

Ils sont partis pour l'éternel voyage !
. . . .
Mort est le chef, le père des guerriers !
Entrechoquez vos boucliers !

Cette chanson, au rhythme varié, tantôt traînant, tantôt rapide, était entrecoupée, çà et là, de petits cris gutturaux qui figuraient probablement dans la pensée du chanteur, soit les sanglots de la foule assemblée sur le rivage, soit le hoquet funèbre des naufragés.

À la dernière mesure de l'air, la pointe d'un canot dépassa les masses de feuillage, et les voyageurs virent un homme ramassé en boule au centre de cette embarcation, et qui luttait avec vigueur contre le courant.

L'homme portait pour tout costume la veste de coton noire et le caleçon court du peuple balinais. Il était assurément petit de taille. Le teint de son visage, quoique basané, était plus clair que celui qui caractérise le Javanais indigène. Ses yeux brillaient à fleur de tête, et jetaient çà et là des regards obliques et malicieux. Il n'était pas coiffé du mouchoir roulé des Malais ; il ne portait pas le chapeau de paille tressé à forme conique : sa tête, presque rase, n'était abritée que par une mesquine calotte, semblable à celle qu'ont adoptée les Chinois. Chose remarquable : la barbe de ce personnage formait un contraste complet avec sa chevelure. Celle-ci, nous l'avons dit, droite et inculte, ressemblait à un champ de maïs où la torche de quelque ennemi jaloux a promené la flamme : la barbe, au contraire, longue et fournie, était séparée en deux nattes tombantes, relevées à leurs extrémités et retenues par les oreilles. Ajoutons qu'un nez épaté prêtait à cette physionomie une expression de bonhommie toute particulière, malgré le démenti que lui donnait sans cesse une bouche pincée par le sourire, et continuellement occupée à mâcher le siri et le tabac.

Ainsi était fait l'homme.

Quant à l'embarcation, c'était une simple pirogue de pêcheur, étroite et allongée, ressemblant, par sa forme, aux korokoros des Bouguis, aux prahous de Bali, aux proms ou pros de Bornéo, et par la couleur aux jonques de la Chine et de Siam. Ces petits prahous sont de ceux que l'on forme de quelques pièces d'assemblage et qu'on dépèce à l'approche de la mauvaise saison pour les reconstruire l'année suivante. Les bordages et les membrures n'en sont joints que par des chevilles en bois. Il n'entre point de fer dans leur construction.

Lorsque deux vigoureux coups de rames l'eurent entièrement démasqué aux regards de nos compagnons, l'homme du canot s'arrêta, et, tournant de leur côté sa grosse face, illuminée de deux yeux blancs :

— Que faites-vous là ? leur demanda-t-il d'un air étonné.

— Tu le vois, répondit Djelma... nous attendons.

— Que toute l'eau s'écoule ?

— Non ; que tu nous passes.

— Souffrez alors que je m'arrête.

L'homme se saisit d'une branche d'arbre flexible qui pendait au dessus de sa tête, et dont il se servit pour amarrer son canot.

— Maintenant, dit-il lorsque cette opération fut terminée, souffrez que je vous demande pardon...

— Pardon, de quoi?

— De ne vous avoir point salués d'abord... toi surtout, le grave personnage au vaste chapeau! Si tu es brahman (ce que j'ignore, puisque tu n'as pas le cordon), je dois premièrement me prosterner devant toi, puis me frotter le front avec la poussière de tes pieds : c'est là mon devoir.

» Quant à toi, khatriya, j'ai trop peur de toi pour te saluer : le cerf passe en courant près du rhinocéros terrible, et ne s'arrête pas à lui faire politesse...

» Je crois que je ferais bien de démarrer mon canot.

— N'en fais rien... esclave! et passe-nous vite. Commence par lui.

Djelma désignait Anderson.

— Non pas, interrompit Anderson... Je ne passerai qu'après toi.

— Bon! s'écria le nautonnier en frappant dans ses mains, très-bien des deux côtés! vous vous balancez l'un vers l'autre, sur le rivage, comme deux tiges dans un champ de riz... Permettez-moi aussi de m'agiter comme vous le faites! par Pandou et les Pandavas! quel joli effet de coup de vent!

— Voyons, esclave, modère ton babil, et passe-nous l'un ou l'autre.

— Et si je ne voulais, moi, vous passer ni l'un ni l'autre?

— Alors tu serais maudit...

— Par toi, c'est possible; mais ton cheval me remercierait. Il y a conscience de séparer ainsi ce pauvre animal de son cavalier.

— Mais, reprit Djelma, nous passerons d'abord et nos chevaux ensuite.

— Pourquoi pas vos chevaux d'abord, et vous après eux?

— Fais comme tu l'entendras, mais passe-nous, mendiant.

— Oui-dà! vous avez deviné juste, illustre guerrier ; je suis moins qu'un mendiant : je ne suis rien du tout. Je suis un simple chandala, de la tribu maudite; ou plutôt je ne suis d'aucune tribu. Un chandala n'appartient à rien : c'est un impur, voilà tout. Voulez-vous devoir quelque chose à un chandala?

Djelma parut hésiter.

— Qui que tu sois, mon fils, Dieu te regarde! dit Anderson, et tu seras récompensé d'après tes œuvres. Viens à nous, et donne-nous la main.

— Donner la main à celui-ci! s'écria Djelma avec répugnance.

— Pourquoi non? n'est-ce pas une créature de Dieu?

Le chandala ouvrit de grands yeux en s'entendant qualifier de la sorte par Anderson.

Il ne s'était jamais estimé si haut.

Lui une créature de Dieu! lui qu'un précepte du Niti-Sastra séparait de l'humanité! lui, à qui il était permis de se nourrir de rats, de chiens, de serpens, de lézards et de chenilles!

— Quel est ton nom? lui demanda le missionnaire avec bonté.

Biadjou-Praho (1), quand je conduis ma barque; Biadjou-Poulo, quand je suis à terre.
— Ton pays?
— Bali-Balou.
— C'est presque un compatriote, observa Anderson se tournant vers Djelma. Bali est la sœur de Java; cet homme-ci est ton frère...

Puis, sans laisser à Djelma le temps de répondre, il dit au Balinais, immobile dans sa barque:
— Approche, mon ami, et passe-nous.

Le sourire narquois qui avait disparu un instant des lèvres de Biadjou y reparut aussitôt.
— Quel honneur! le grand Ravana, souverain des Rakchasas, voyageant sur le char de Couvéra, n'était pas plus glorieux que moi monté sur ma coquille de noix! être appelé mon ami par ce sage vieillard!
— Tu n'es pas complaisant, mon fils.
— Pourquoi cela, mon père?
— Tu peux rendre service à ton semblable, et tu ne le fais pas.
— Prouvez-moi d'abord que vous et vos chevaux, vous êtes mes semblables. D'abord, je vis de la complaisance des autres, bien loin d'encourager les autres à vivre de la mienne. Je n'ai

---

(1) On se souvient que Praho signifie proue-pirogue.
Poulo est la dénomination dont se servent les Malais pour désigner une île. C'est le synonyme de Nousa. On se souvient que le premier nom de l'île de Java fut Nousa-Kindang.

La Cérémonie des obsèques fut interrompue.

rien à moi : je mange le pain de l'étranger. Mes parens (si j'en ai), ne me connaissent pas, et je les connais encore moins. Mes talens, si j'en posséde, je les emploie à tirer quelques pichis (1) des mains crochues de l'avarice et des bourses trouées de la prodigalité. Du reste, je vis libre et aussi indépendant que les petits de l'éléphant sauvage. Vous voyez bien que je ne puis rien pour vous.

— Attends, coquin ! je te vais jeter ce caillou ! lui cria Djelma impatienté, et te faire sauter la tête comme une mangue mûre !..

Et, joignant le geste à la parole, le fils d'Ario se mit en mesure d'accomplir sa menace.

— Holà ! sage vieillard, retenez-le ! fit Biadjou suppliant. Je ne veux point m'endormir si jeune à l'ombre d'un champaka (2). Je suis bon vivant encore, et j'ai grand appétit : je mangerais comme mille jakals ! Voyons, composons, s'il vous plaît. Je vous passerai, mais vous me donnerez une piastre.

— Que ne parlais-tu tout de suite ? dit Anderson ; la voici.

Et il jeta une piastre au batelier.

— C'est trop tôt, observa Djelma.

— Non, ce n'est pas trop tôt, dit fièrement Biadjou. Les piastres me trouvent plus accommodant que les cailloux. Promettez-moi seulement une chose.

---

(1) Menue monnaie d'étain, en usage à Bantam, à Chériboun, etc. C'est une petite lame irrégulière, creusée vers le milieu. Il faut 560 pichis pour faire une piastre.

(2) Arbre funèbre, qu'on plante sur les tombeaux.

— Laquelle ?
— De ne pas me battre.
— Pour te battre, il faudrait te toucher ; et je ne touche pas ceux de ta tribu infâme.
— Fort bien dit, illustre khatriya ; mais, sans me toucher, vous pourriez me tuer. Seigneur éléphant, vos dents me font peur ! seigneur rhinocéros, veuillez rentrer vos cornes !

Djelma sourit et repoussa dans le fourreau la lame de son kriss, qu'il avait tirée à moitié.

— Sois sans crainte, dit-il, mais arrive.
— Sois sans crainte, répéta Anderson ; je te réponds de lui.
— En ce cas, je suis votre homme.

Biadjou-Praho délia la branche d'arbre qui retenait son canot, et rama vers le rivage.

Il embarqua d'abord Anderson, qu'il passa sur le bord opposé.

Puis il revint à Djelma, qu'il passa également.

Puis, sans mot dire, il revint encore, et attacha la pointe de son canot aux plantes tortueuses de la rive.

Cela fait, il sauta à terre et enfourcha légèrement l'un des chevaux.

— Que fais-tu là ? lui cria Djelma.
— Vous le voyez : je monte à cheval.
— Et nos conventions ? tu les oublies ?
— Quelles conventions ?
— Tu devais nous passer, nous d'abord, et nos chevaux ensuite.
— Qui a dit cela ?
— Comment, misérable...
— Permettez : un nommé Biadjou-Praho a reçu tout-à-l'heure de vous une piastre, à condi-

tion qu'il vous passerait : a-t-il tenu parole ? vous a-t-il passés ?

— Oui, répondit Anderson... mais maintenant...

— Maintenant, je suis à terre, et je me nomme Biadjou-Poulo. Le cavalier ne connaît plus le batelier. Voilà votre route : elle n'est praticable que pour les gens à pied. Vous n'avez plus que deux heures de jour : faites hâte. Bonsoir.

Et, déliant le second cheval, qui était attaché à un arbre, il réunit les deux brides dans sa main gauche, appliqua de la droite un vigoureux coup de houssine sur les flancs de sa monture, et partit au galop.

VII

EN ROUTE. — DEUXIÈME JOURNÉE.

La stupéfaction de nos voyageurs fut grande ; mais ils durent prendre en patience le vol effronté dont ils avaient été victimes. La résignation leur vint avec le rire, et ils finirent par trouver que ce larron, après tout, s'y prenait assez gaiment pour dépouiller son monde.

—Nous devions nous attendre à cela, dit Djelma, du moment où cet homme nous a avoué qu'il était chandala ! Un chandala, c'est l'épine qui nous entre au talon, et qui n'en sort pas sans nous faire saigner. Partout où se trouve un chandala, un éléphant, un scribe, un mendiant, un espion ou un âne, on doit s'attendre à quelque dommage !

— Ne parlez pas ainsi, Djelma, dit Anderson, et n'accusez pas si inconsidérément toute une classe d'hommes. Qui vous dit que ce mépris, cette horreur que vous leur témoignez, ne sont pas la première cause de leur dépravation ? qui vous dit que, mieux accueillis par vous, ces pauvres gens ne seraient pas meilleurs ? Relégués parmi les plus vils animaux, ils ne sauraient garder les nobles instincts : ils cessent peu à peu d'être hommes, et leur abrutissement vient de votre brutalité.

— Ainsi, vous vous faites le défenseur de ce larron ?

— Je n'excuse pas son action : je l'explique.

— Expliquez-moi alors comment nous ferons pour continuer notre voyage.

— Rien de plus simple : nous le continuerons à pied.

— Vous sentez-vous cette force ?

— Assurément.

— En ce cas, mettons-nous en chemin.

Les deux compagnons recommencèrent à marcher, non plus dans la direction du Mont Sacré : l'aventure qu'ils venaient d'essuyer modifia singulièrement leurs idées et dérangea leur itinéraire. Renonçant à leur premier projet, ils remontèrent le cours du ruisseau, dans l'espoir de trouver un passage où l'eau, moins profonde, leur permettrait de rebrousser chemin.

Si peu justifié que fût cet espoir, ils furent assez protégés de la Providence pour rencontrer ce qu'ils cherchaient. Au bout d'un quart de pâl (mille anglais), un gué praticable se présenta.

Le ruisseau une fois franchi, ils reprirent leur course vers le sud-est, en se dirigeant sur la plus prochaine frontière de Sourakarta.

Quoiqu'ils se fussent imposé la loi d'éviter le passage des villages, des bourgs et des plus humbles hameaux, le tout par mesure de prudence, ils durent se départir bientôt de cette résolution. Le chemin devenait de plus en plus difficile; coupé à chaque instant de broussailles et de ravins, il s'escarpait quelquefois d'une manière effrayante. Tantôt il se resserrait entre deux rochers à pic, tantôt il formait talus au bord d'un abîme. Il fallut souvent recourir à de dangereux expédiens pour sortir de ces mauvais pas. De fragiles ponts de bambous furent improvisés par Djelma, et (nous devons ajouter) courageusement franchis par Anderson. Mais ce qu'il était impossible de franchir avec le même élan, c'était ces longues et interminables landes d'herbes sauvages, hautes de cinq à six pieds, appelées allang-allang par les indigènes, et qui croissaient avec abondance dans ces parages désolés. Cette végétation drue et persistante masquait de toutes parts la vue, et les voyageurs ne s'orientaient qu'à grand'peine et se frayaient difficilement un étroit sentier au milieu de cet impénétrable maquis indien

Le soleil ne tarda pas à disparaître derrière les chaines de montagnes, et l'obscurité menaçante envahit successivement chaque point de l'horizon.

La fatigue était venue, et la faim avec la fatigue. Djelma monta sur une pointe de roc, et interrogea l'espace.

Autant que sa vue put s'étendre, il n'aperçut aucun toit, aucun vestige d'habitation.

Il est vrai qu'à l'instar des hameaux de notre Vendée, les dessas (1) javanais se cachent dans d'épaisses palissades de verdure, ce qui les rend invisibles et presque introuvables.

Aussi Djelma, récusant le témoignage de ses yeux, persista-t-il à rester debout sur la pointe de rocher qui lui servait d'observatoire, et, d'une oreille avide, il se mit à recueillir tous les bruits faibles et inarticulés, toutes les plaintes, tous les soupirs de cette solitude qui s'enveloppait peu à peu de ténèbres et de silence, et qui bientôt allait s'endormir.

Il crut entendre partir à quelque distance un glapissement aigu. Redoublant d'attention, il écouta : le même cri retentit une seconde fois : c'était l'appel d'un pâtre, d'un de ces conducteurs de troupeaux qui gardent les buffles dans la campagne, et qui, assez ordinairement, couchent, ainsi que ces animaux, en plein air.

— Nous approchons d'un dessa ! s'écria Djelma en indiquant du doigt un massif rideau de bambous qui formait comme une muraille noire et crénelée sur les mourantes clartés du ciel. Dirigeons-nous de ce côté.

Il fit clapper ses lèvres d'une certaine façon, et répéta le cri prolongé qu'il venait d'entendre.

Le gardien du troupeau répondit. Dès ce moment plus de doute : nos deux compagnons avaient

---

(1) Villages.

enfin trouvé, si ce n'est un abri pour passer la nuit, du moins un guide pour traverser ce désert.

Les deux cris, plusieurs fois renouvelés de part et d'autre, finirent par se rapprocher. Les voyageurs et le gardeur de buffles se trouvèrent en présence.

— Nous sommes fatigués et nous avons faim, lui dit Djelma ; donne-nous une poignée de riz.

Le pâtre, qui était presque nu, fouilla le lambeau d'étoffe qui lui ceignait les reins, et en tira une poignée de riz.

— Voilà tout ce que j'ai, dit-il : prends.

— Nous avons soif, reprit Djelma.

— Attends : l'arbre à eau n'est pas loin d'ici, répondit le pâtre ; et tu pourras te désaltérer.

Il chercha, en effet, aux environs, et ne tarda pas à trouver l'arbre désigné, qui fournit tout à la fois l'eau et la tasse, et que, pour cette raison, on a appelé l'arbre du voyageur (1).

— Maintenant, poursuivit Djelma, n'y a-t-il pas quelque habitation derrière ces bambous ? Nous sommes las et nous voudrions dormir.

Le gardeur de buffles se retourna et fit un signe de tête affirmatif.

— Oui : derrière cette haie vous trouverez un dessa. Pour y arriver, il faut traverser toute la rizière qui commence au point où finit cette lande. La rizière franchie, vous tournerez la haie. Les habitans de Banyou-Menang vous feront accueil. Seulement, défiez-vous du tigre.

---

(1) C'est le ravenal, provenant des îles de la mer du Sud.

7..

— Du tigre, répéta Anderson effrayé...

— Ainsi, nous sommes à Banyou ? reprit tranquillement Djelma.

— Près de Ketjiwan, oui, seigneur khatriya. Cette vallée s'étend du Merari au Merbahou. Nous sommes au cœur des montagnes. Ne craignez point toutefois ; Banyou-Menang est calme et hospitalier, comme son nom, qui signifie : *repos après la fatigue* (1). Voici votre chemin. Le regard de Vichnou vous conduise ! — Bonne route et bon courage ! je retourne à mes buffles.

Le pâtre tourna les talons en achevant ces mots et disparut dans l'obscurité.

— Entre le Merari et le Merbahou ! — répéta Djelma avec satisfaction... Tant mieux, nous n'avons pas dévié de notre chemin. Samarang est toujours derrière nous, et Sourakarta nous fait face !

— Maintenant allumons deux branches de bambou, et gagnons promptement la rizière.

Quelques broussailles sèches s'enflammèrent presque aussitôt, et les deux flambeaux improvisés se mirent en marche, comme deux étoiles voyageuses, au milieu de la nuit.

Les versans de montagnes sont habités à Java, aussi haut que le riz et le maïs peuvent y croître. Ceci explique la présence d'une ri-

---

(1) Il s'attache au nom de la plupart des dessas, une signification mystique ou religieuse. Selarong signifie, par exemple, un lieu où l'on se retire pour prier ; Dixo est un lieu favorable à la réussite des entreprises ; Ngelangong, un lieu de délices, etc.

zière dans ces parages alpestres. Celle où nous entrons était coupée d'une multitude de petits ruisseaux à peine séparés par d'étroits sentiers, formant digues, et difficiles à reconnaître même en plein jour. Dans la saison des pluies, ces sortes de rawahs, ou marais, sont inabordables. Il fallut cependant que Djelma et Anderson s'avançassent, au risque de s'embourber, sur ces crêtes de terre longues et sinueuses. Plusieurs fois leurs pas se ralentirent et leurs voix s'appelèrent. Penchés sur le sol glissant, ils agitaient leurs torches résineuses pour obtenir une flamme plus vive, et faisaient miroiter l'eau qui les entourait de son réseau d'argent.

Ce dernier trajet fut long et difficile ; mais, grâce à une parfaite connaissance du terrain, grâce à son adresse et à ses conseils (scrupuleusement suivis par Anderson), Djelma en sortit enfin à son honneur, et parvint à cette haie désirée, entrevue dans l'ombre à la faveur des torches, et qu'il fallait tourner, suivant l'expression du pâtre javanais, pour entrer dans le dessa de Banyou-Menang.

Les abords de ce village étaient presque fortifiés, s'il est permis d'appeler fortifications un large abattis de branches sèches et de buissons épineux qui encombraient un fossé de ceinture faisant suite à la haie dont nous venons de parler. Djelma pensa que les habitans se barricadaient ainsi pour se garantir des irruptions nocturnes de quelque fâcheux voisin.

— C'est la crainte du ketjou, dit-il.

Ce mot est synonyme de pillage et de vol.

En avançant avec précaution sur ces couches

de fascines, il crut s'apercevoir qu'elles fléchissaient sous son poids. Cette remarque changea le cours de ses suppositions. Il fit signe de la main à Anderson, et lui indiqua un passage qui paraissait offrir plus de résistance et de solidité.

Lorsque tous deux furent arrivés au-delà de cette limite :

— Nous venons de franchir un pas dangereux, dit Djelma à son compagnon.

— Comment cela ? répondit celui-ci.

— Souviens-toi de la recommandation du gardeur de buffles : « Défiez-vous du tigre ! »

— C'est vrai, dit Anderson.

— Ces fossés ont été creusés et recouverts ainsi de branchages pour servir de piéges aux bêtes féroces ; et tiens : écoute ! la clarté de nos bambous a fait sortir de la montagne quelques-uns de ces ninis (1) redoutés. Entends-tu leurs rugissemens qui se rapprochent ? Tu verras bientôt leurs yeux briller dans les ténèbres. Veux-tu que nous les attendions ?

— C'est inutile ; il ne faut pas tenter le danger, dit Anderson.

Les deux compagnons firent volte-face et pénétrèrent dans le dessa.

Ils n'y réussirent qu'en escaladant une seconde palissade formée de longs pieux enfoncés en terre et dont les intervalles étaient calfeutrés de mousse

---

(1) Grands-pères : c'est le nom qu'à l'instar des Soumadriens-Battas, les Balinais et quelques Javanais donnent aux tigres qu'ils regardent comme des animaux sacrés.

par dessus un premier enduit de glaise et de cailloux.

— Je croyais entrer dans un dessa, et me voilà dans un benting (1), observa Djelma.

La plus grande tranquillité régnait dans cette pauvre bourgade, formée d'une soixantaine de toits couverts pour la plupart en chaume, quelques-uns en gamouti (sorte de substance chevelue que l'on obtient de l'arékier). Plusieurs de ces cabanes, construites sur un espace de six à huit pieds carrés, ressemblaient à des cages, en ce qu'elles n'offraient qu'un clayonnage léger entre leurs poteaux de soutènement. D'autres étaient complètement fermées, avec une petite porte à la façade.

Anderson et Djelma entrèrent dans la première de ces huttes, qui était inhabitée. A terre étaient amoncelés des fruits préparés pour les offrandes; et, dans un angle, se dressait un amas de figures grossières, en argile durcie, la plupart tronquées et couvertes d'emblèmes et d'inscriptions indéchiffrables.

— C'est le temple! murmura Djelma, en fléchissant le genou.

Anderson s'approcha de ces idoles délabrées, et se baissa pour les regarder de plus près.

Il reconnut la statue d'un récha parmi ces fragmens de terre cuite. On sait que les réchas sont les portiers ou les gardiens des temples indous.

En se retournant, il aperçut sur l'appui d'une

---

(1) Village ou poste fortifié. Petite redoute.

fenêtre un morceau de viande fraîche, à côté de beaux fruits étalés, comme sur la montre d'un marchand.

— Voilà des dieux voraces! exclama Anderson à l'aspect de ce lambeau saignant.

Djelma fit signe qu'il ne comprenait pas la présence de cette chair sanglante en pareil lieu.

Et comme Anderson étendait la main vers les fruits :

— N'y touchez pas! lui dit-il en l'entraînant hors de la hutte sacrée; vous commettriez un sacrilége.

Ils passèrent à une autre maison : celle-ci était mieux close que le temple. Toutefois, l'ouverture faisant office de croisée était béante à l'œil et de facile escalade; et sur l'appui de cette fenêtre une main prévoyante avait placé des fruits et une écuellée de riz apprêté, avec quelques ignames et un morceau de viande crue.

— Voilà des gens hospitaliers! pensa Anderson; leurs fenêtres ressemblent à des garde-manger!

Comme ici le sacrilége n'était pas à craindre, attendu qu'il n'y avait pas de dieux dans cette habitation, les deux amis crurent pouvoir, sans crime, tremper leurs doigts dans l'écuellée de riz, et se partager une igname.

Plus loin, nouvelle maison, nouvelle surprise : nouvel étalage de viande et de fruits.

Sur les soixante cabanes dont se composait le dessa de Banyou-Menang, il y en avait une trentaine au moins dont les fenêtres ou les portes étaient ainsi garnies. Les fruits étaient plus ou moins beaux, selon les moyens de chaque habitant; la ration de riz était plus ou moins copieuse, mais le morceau de viande n'était jamais oublié.

Anderson finit par détourner la tête avec dégoût de ces étals de chair crue, et proposa à Djelma de heurter à l'une de ces portes, qui ressemblaient, par leur silence, à des portes de tombeaux.

Ils frappèrent, et ce fut une femme qui vint leur ouvrir.

A la vue de Djelma, qui portait, comme on sait, le soumping en or sur l'oreille et le wedung au côté, cette femme comprit qu'elle avait affaire à quelque personnage de distinction, et elle tomba prosternée sur le seuil; ce qui permit aux voyageurs de jeter un coup-d'œil dans l'intérieur de la cabane.

Une jarre était debout au centre de cette chambre, qui était l'unique pièce de l'habitation. Cette jarre, aux trois quarts pleine et environnée de plusieurs autres vases de terre, servait à la préparation de la liqueur que les Chinois appellent toddy, et qui est extraite du fruit encore vert du gomouti (1). C'est une espèce de vin de palmier.

— Fille ou femme d'esclave, est-ce l'eau d'enfer que tu prépares ? et ton mari ou ton père est-il lâche à ce point d'avoir besoin de s'enivrer pour pousser son cri de guerre ?

— Ce n'est point l'eau d'enfer, répondit la femme toujours prosternée : c'est le toddy. Nous sommes de bons Javanais, et nous ne désaltérons pas nos lèvres à la source de feu.

---

(1) Borassus-gomutus ; le plus gros de tous les palmiers.

Elle faisait ainsi allusion à cette liqueur corrosive et vénéneuse, extraite de la pulpe du gomouti, dont les Malais se servent en temps de guerre, et qui a reçu des Hollandais le nom de hel-water (eau d'enfer).

— Oui, nous sommes de bons Javanais, répéta une voix d'homme partant du coin le plus obscur de la chambre; mais qui donc me réveille ainsi?

— Un khatriya suivi d'un panghoulou. Lève-toi, Dirdio, et viens faire accueil à ces étrangers, qui sont peut-être des dieux!

L'homme se leva, et d'un bond parut sur le seuil.

C'était un paysan comme le pâtre aux buffles, mais d'apparence moins robuste que ce dernier; véritable Malais d'ailleurs, ayant les pommettes saillantes, les joues creuses, l'œil petit, le nez épaté et les lèvres larges.

— Veuillez me pardonner, nobles hommes! dit-il avec force démonstrations de respect. Je suis pauvre et ne puis vous offrir qu'une tasse de toddy ou de brom (1). Buvez, glorieux chef! buvez, vieillard! et préservez-nous de la colère de Loro-Djongrang, si vous pensez que notre négligence ait pu l'irriter!

Anderson releva et rassura ces pauvres gens, qui n'avaient ni fruit ni viande à étaler sur leur fenêtre.

— Pas même une écuelle de riz! dit en gémissant le Javanais consterné; et si cette nuit le tigre

---

(1) Liqueur fermentée, extraite du riz.

vient à passer, rien ne nous défendra contre sa dent vorace.

— Que voulez-vous dire? demanda Anderson; il me semble que les abords de ce dessa sont gardés de façon à vous ôter toute crainte..., Ces larges fosses couvertes de feuillages...

L'homme hocha la tête avec l'expression du doute :

— Le piége qui vous a laissé passer tous les deux laisse souvent passer le tigre, et alors malheur à nous! Le terrible animal court en rugissant devant nos maisons et nous demande sa proie. Vous savez que nos âmes passent, après notre mort, dans le corps de ces ninis; aussi personne ne songerait à les tuer ; au contraire : on ouvre toutes les fenêtres, et l'on offre au tigre de quoi assouvir sa faim : c'est toujours ce qu'on a de plus beau et de meilleur.

— Et lorsqu'on n'a rien à lui donner?

— Alors on se couche sur la natte, et l'on tâche de dormir pour oublier le danger. C'est ce que je faisais tout-à-l'heure. Si le tigre est repu, il passe sans s'arrêter; s'il a faim, il entre et dévore ce qu'il trouve.

— Horreur!

— Pourquoi donc? c'est ce qui arrive tous les jours. Approchez cependant, et reposez-vous sur la natte. Maintenant j'y pense : il n'y a rien à craindre pour cette nuit. Les pradjourits occupent la grande maison.

— Les pradjourits! répéta Djelma étonné.

— Oui : les miliciens envoyés par l'empereur à la recherche du fugitif, du rebelle. Ils sont arrivés aujourd'hui et repartent demain.

Anderson et Djelma se regardèrent.

— Est-ce de Trouna-Jaya que tu parles? demanda ce dernier.

— C'est de lui, répondit Dirdio.

— On m'a assuré, reprit Djelma en s'étendant sur la natte, que la tête de Trouna était mise à prix?

— On t'a dit vrai. La tête de Trouna-Jaya vaut cinq cents mas d'or, ce qui fait sept mille cinq cents pichis d'étain. (1)

— Il y aurait là de quoi te faire bien riche, n'est-ce pas, Dirdio?

— Riche comme un Hollandais; mais les cinq cents mas d'or ne sont pas pour moi.

— Qui sait!...

— D'ailleurs, en échange de cet or, il faudrait livrer un homme, et c'est là une action mauvaise.

— La fleur du lotus dans l'enveloppe du chardon! dit tout bas Djelma à l'oreille d'Anderson.

Puis, élevant la voix :

— Tu es donc du parti du rebelle?

— Je ne dis pas cela, seigneur khatriya; mais si ce rebelle est un Javanais, s'il est d'un sang noble; si les persécuteurs de ce rebelle sont des étrangers, et surtout des Hollandais...

— Eh bien? dit Djelma, dont les yeux brillaient d'un éclat extraordinaire...

— Eh bien! alors, poursuivit Dirdio, je me mets du côté de cet homme; et je refuse de ven-

---

(1) Le mas vaut 18 francs de notre monnaie.

dre sa tête, dût-on me la payer trois fois son pesant d'or.

— Celui-ci mérite d'être admis au séjour d'Indra!! Ecoute, Dirdio : as-tu toujours été pauvre?

— Toujours.

— Et tu n'as jamais douté de la puissance des dieux?

— Jamais.

— Tu as bien fait, car les dieux, constamment honorés par toi, veulent te faire riche.

— Riche, moi? et comment? et quand?

— Tout de suite. Ne disais-tu pas que les pradjourits de l'empereur de Sourakarta sont arrivés hier?

— Oui. Leur troupe est logée ici près, dans la grande maison.

— Conduis-moi dans la grande maison.

— Que leur dirai-je?

— A celui qui t'ouvrira la porte, en te demandant ce que tu veux, tu répondras : Cinq cents mas d'or.

— Il me dira que je suis un fou.

— Tu lui répondras que, puisque tu es riche, tu es sage.

— Il voudra me frapper.

— Non pas, car je serai là, et tu m'appelleras par mon nom.

— Mais je ne sais pas ton nom, mon hôte, et je ne te le demanderai pas.

— Mais moi je vais te le dire : je suis l'homme qu'on cherche...

— Tais-toi! dit Anderson...

— Je suis Trouna-Jaya!

— Vous!!

Et Dirdio, comme écrasé par l'autorité de ce nom, tomba à genoux.

— Ne craignez rien pour moi, dit tranquillement Djelma à Anderson. Je suis plus en sûreté ici que dans les souterrains de Tchandi-Siwou, protégé par les Mille-Temples. Le cœur de cet honnête homme est un sanctuaire impénétrable où je puis me renfermer.

—Tu leur diras que je suis Trouna-le-Rebelle, poursuivit-il en s'adressant à Dirdio, et tu diras vrai. Tu ajouteras que je suis prince, et du sang de Matarem...

— Vous! balbutia Dirdio, en se prosternant davantage.

— Et tu diras vrai; car je suis petit-fils d'Aroun et frère de l'héritier impérial. Mon père est le pandjéran Pougar... Tu leur diras cela, entends-tu? et au lieu de cinq cents mas d'or, tu en auras mille... deux mille... plus encore si tu veux! Hé bien! qu'attends-tu, fils d'esclave? Dépêche-toi... ne m'as-tu pas entendu?

Dirdio, presque étendu à terre, était immobile. On eût pu le croire évanoui; il priait.

Lorsqu'il se releva, sa résolution était prise. Il offrit de nouveau aux deux étrangers tout ce qu'il possédait, et leur recommanda de rester cachés dans l'angle le plus obscur de sa cabane.

— Vous ne partirez que demain, à la tombée de la nuit; les pradjourits seront loin d'ici, et vous n'aurez plus rien à craindre. Parananguara va étendre la natte le long du mur, et vous verser une tasse de toddy.

Docile à l'ordre qui lui était donné, la femme de Dirdio prépara la couche sur laquelle Djelma et

Anderson devaient passer la nuit, et leur versa le breuvage dans un fragment de noix de coco.

Puis elle leur donna à chacun un morceau de ce sucre grossier appelé djaggari, qu'on extrait d'une sorte de palmier, et que les habitans de Java mâchent pour se rafraîchir.

Cela fait, tout rentra dans le silence. Les voyageurs se couchèrent et ne tardèrent pas à s'endormir. Dirdio se plaça en travers de la porte, pour faire meilleure garde. Parananguara s'étendit près de sa jarre.

La nuit fût calme, à cela près d'un rugissement sourd et incessant qui troubla plus d'une fois le sommeil du pieux missionnaire. Ce bruit menaçant se rapprocha vers le matin et devint si formidable, que Djelma lui-même ouvrit les yeux et se dressa sur son séant.

— Dirdio! les tigres ont franchi le fossé!

— Non : quand ils passent, ils se taisent, répondit froidement Dirdio.

— N'importe. Je ne puis plus dormir... Dirdio, raconte-moi quelque chose... dis-moi quelque chanson du pays.

— Je n'en sais qu'une : LA RUGISSANTE CITÉ (1); et c'est une chanson de Soumadra.

— Voyons.

---

(1) Les habitans de Soumadra ont voué de tout temps un culte au tigre. Plusieurs d'entre eux affirment que, dans un district mystérieux de l'intérieur de l'île, les tigres ont un gouvernement et une cour, où ils habitent des villes et des maisons couvertes de chevelures humaines. C'est cette croyance qui a fourni le sujet de la chanson qu'on va lire.

Dirdio chanta, ou plutôt récita ce qui suit :

Au cœur de la montagne chauve,
Inaccessible aux pas humains ;
Au centre du pays des Reyangs, à l'œil fauve,
Loin de tous les regards et de tous les chemins ;

(Sonnez, timbales paresseuses !
Sonnez, flûtes ! plus vite encor !
Et que les jambes des danseuses
Fassent crier les anneaux d'or...)

Là, derrière ce pic, à la cîme puissante,
Par les vents d'outara sans relâche fouetté,
S'assied la cité rugissante...
Connaissez-vous cette cité !

Le sultan de ce lieu, c'est le Tigre ! il y trône,
Glaçant au loin de peur les passans effrayés ;
Il a ses courtisans, son grand ministre jaune
Et ses beaux pandjérans rayés !

De sa nerveuse queue il bat ses flancs robustes ;
Ses ongles sont aigus et ses yeux sont ardens !
Fort parmi les plus forts, juste parmi les justes,
Il fait à ses sujets compter toutes ses dents...

Quand il rend la justice, il fait à la montagne
Redire un cri terrible, au tonnerre pareil.
Puis il se couche auprès de sa forte compagne,
Et s'endort d'un bruyant sommeil !

Sonnez, timbales paresseuses !
Sonnez, flûtes ! plus vite encor !
Et que les jambes des danseuses
Fassent crier les anneaux d'or !

Rugissante cité ! ton abord, c'est la tombe :
Les os de nos aïeux ont blanchi tes chemins !
Le voyageur qui veut les gravir et qui tombe
Se relève, du sang aux mains !

Ce sont des craquemens étranges ! des murmures
A remplir le corps de frissons !
Ce sont de longues chevelures
Qui flottent au bras des buissons...

A ce formidable domaine
Fouetté par le vent d'outara
Nul ne sait le chemin qui mène ;
Et nul jamais ne le saura.

Sonnez, timbales paresseuses !
Sonnez, flûtes ! plus vite encor !
Et que les jambes des danseuses
Fassent crier les anneaux d'or !

Le jour, qui était venu, mit fin à la chanson du Javanais et aux appréhensions toujours croissantes de ses deux hôtes. On entendit un grand mouvement au dehors. Les habitans du dessa allaient et venaient avec mille démonstrations de joie.

— Qu'est-ce donc ? demanda Djelma.

Parananguara sortit et rentra presque aussitôt.

— C'est, dit-elle, que le nini a touché cette nuit à l'écuelle de riz de notre voisin ; et les habitans du dessa se réjouissent de ce bon présage.

On se souvient en effet que le riz du voisin avait été touché par nos deux voyageurs. Mais si la brèche qu'y avait faite leur appétit était modeste pour deux hommes affamés, elle l'était davantage encore pour un tigre à jeun. Ils n'en prirent pas moins leur part de la satisfaction publique, et se réjouirent en pensant que ce peuple, préoccupé de la visite du tigre, ne songerait point à les inquiéter.

Cette attente se réalisa : aucun événement fâcheux ne vint troubler la sécurité des hôtes de Dirdio. Pour comble de bonheur, les miliciens du sultan partirent le soir même, ce qui permit à nos compagnons de sortir enfin de leur cachette et de songer, eux aussi, à leur départ, qui s'effectua peu d'instans après le soleil couché.

— Quelle route ont prise les soldats de l'empereur ? demanda Djelma.

— La route de Sourakarta, répondit Dirdio.

— Il faudra donc que nous rebroussions chemin.

— Ce sera sagement fait, ajouta le Javanais ; car les pradjourits ont rencontré un homme à cheval (un de leurs espions sans doute), qui leur a parlé de deux voyageurs égarés dans les montagnes d'Oung'arang.

— Un homme à cheval ! répéta Djelma ; serait-ce notre batelier !

— Cet homme a montré une piastre qu'il avait

Djelma, tout sanglant, vint se prosterner devant Arüou.

reçue de ces deux voyageurs pour les avoir aidés à passer le torrent d'Endraddi.

— C'est cela! c'est ce traître de Biadjou-Praho!

— Je vous engage donc à quitter les chemins frayés et à gagner, en tournant le mont Willis, les solitudes du Kédiri; vous ne serez en sûreté que là.

— J'irai, dit Djelma; mais il est impossible que ce vieillard m'accompagne. Séparons-nous, mon père.

— Te quitter! dit Anderson; je n'y consentirai jamais.

— Rappelez-vous que vous partiez seul, et que vous m'avez fait promettre de ne pas vous accompagner au-delà des limites de l'empire. Or, ces dangereuses limites sont déjà franchies: continuez votre route, et laissez-moi fuir.

— Encore une fois, je n'y consens pas. Je te suivrai, mon fils, tant qu'il y aura du danger à te suivre. Si quelque péril me menaçait, m'abandonnerais-tu, toi?

Djelma vit que la résolution d'Anderson était inébranlable, et n'essaya plus de la combattre.

Après un échange d'adieux, ils se séparèrent de leur hôte, et s'éloignèrent du dessa de Banyou-Menang en ayant soin de remonter vers le nord-est. Leur projet était de longer la chaîne de montagnes qui sépare le district de Rembang de celui de Madion, et de s'enfoncer dans le désert de Kédiri, où sont les célèbres ruines de Madjapahit.

En sortant du dessa, Anderson eut la curiosité de savoir si quelque tigre s'était pris au piége la nuit précédente.

— Non, répondit négligemment Dirdio. Les ninis ne sont pas venus. Ils se sont contentés de dévorer un homme dans la campagne... un gardeur de buffles..

— Mon Dieu! fit Anderson.

— Oh! ce n'est rien, reprit Dirdio; ils ont mangé l'homme, mais ils n'ont pas touché aux buffles.

Cette réponse, naïvement barbare, fit tressaillir le bon missionnaire, qui se mit à prier, dans toute l'effusion de son cœur, pour qu'un secourable rayon de miséricorde divine vînt luire enfin sur ces tribus abandonnées.

— Hélas! dit-il, comment ces hommes devineraient-ils le ciel au milieu des épaisses ténèbres qui les environnent? Mon Dieu! instruisez leur ignorance, éclairez leur âme, rendez-les dignes de vous connaître et de vous aimer! L'intelligence, séparée de vous, se débat et meurt. Donnez la vie au sépulcre, donnez le soleil à la nuit; au cœur de ces malheureux, qui n'ont pas vu le jour, faites pénétrer la lumière et la vérité : car, dès qu'ils verront, ils adoreront. L'ignorance, c'est l'erreur; la clarté, c'est la foi!

VII

EN ROUTE. — SUITE.

Marchant jour et nuit, et ne s'arrêtant que pour prendre le repos rigoureusement nécessaire, Anderson et Djelma firent en peu de temps le trajet qui les séparait de Kédiri. Deux jours leur suffirent pour arriver aux ruines de Madjapahit.

Nous renvoyons le lecteur au premier chapitre de cette histoire : c'est là qu'ils retrouveront Djelma et Anderson; le premier toujours chagrin, toujours irrité de l'asservissement de sa patrie et de la destruction de ses dieux; l'autre toujours curieux, toujours enthousiaste en présence des belles ruines, et ne comprenant pas que les mille jouissances d'antiquaire offertes à tout venant par cette terre classique pussent laisser place à un seul regret.

L'immense détour fait par nos voyageurs avait dû donner le change aux soldats qui les poursuivaient. Toutefois, ils ne se crurent parfaitement en sûreté que lorsque l'inaccessible désert les eût entourés de tous ses plis.

On se rappelle qu'après une assez longue promenade au milieu des ruines, Djelma et Anderson prirent leur course vers le sud-ouest, afin de gagner le gîte où ils devaient passer la nuit.

Ce gîte, situé à quelques milles de l'ancienne Madjapahit, était tout simplement la demeure d'un des anciens soldats de Djelma-Bessar, au temps où celui-ci, sous le nom de Trouna-Jaya, faisait la guerre de partisan. Ce soldat, appelé Dennigral, s'était retiré au désert avec sa femme et un fils unique qu'il exerçait au métier des armes. Tous trois vivaient du produit d'un champ et d'un troupeau de chèvres. Lorsque ces deux ressources ne suffisaient pas, le fils se mettait en chasse et revenait les épaules chargées de gibier.

Telle était l'existence de cette famille, sur l'hospitalité de laquelle Djelma croyait pouvoir compter

Mais, depuis deux ans, la fortune de Dennigral était bien changée. L'ambition n'avait pas tardé à le visiter dans sa retraite; le soldat s'était fait marchand; voici à quelle occasion :

Un jour que son fils, dans une excursion de chasse, avait poussé jusqu'aux falaises qui bordent sans interruption toute la côte du sud, un de ces oiseaux que les Hollandais appellent jaarwogel (oiseaux à années, parce que leur âge est facile à reconnaître au nombre des boutons qui poussent sur leur bec), un de ces oiseaux partit à cinquante pas du jeune chasseur, et alla se blottir dans une anfractuosité de rocher. Le fils de Dennigral, au lieu de renoncer à cette proie, résolut de la poursuivre à coups de flèches jusqu'à ce qu'il l'eût atteinte. De cette façon, l'oiseau l'entraîna fort loin ; toujours voletant et toujours poursuivi de retraite en retraite, l'infatigable jarwogel finit par se suspendre à des murailles de roches tellement escarpées, qu'il devenait presque impossible de le suivre, même du regard. Le chasseur pourtant ne se rebuta point.

Mais, arrivé à un certain endroit où la côte, s'escarpant davantage encore, formait une crique inaccessible, toute parsemée de récifs et de bas-fonds, le fils de Dennigral, si opiniâtre qu'il fût, dut s'arrêter. De toutes parts pendaient autour de lui d'énormes masses basaltiques sillonnées de fissures et de crevasses profondes. L'oiseau se perdit sous ces voûtes obscures et disparut tout-à-fait.

Le chasseur ne s'en aperçut pas, tant son attention était absorbée par le spectacle tout nouveau et des plus étranges qu'il avait maintenant devant les yeux.

Au dessus de sa tête, la sourcilleuse paroi s'ouvait comme un vaste four ; et de cette cavité sombre sortait, en tourbillonnant comme l'essaim d'une ruche, une multitude d'hirondelles bleuâtres, tellement pressées dans leur vol, qu'elles formaient un nuage permanent autour du rocher. Cette myriade d'oiseaux obscurcissait littéralement le jour, et se renouvelait sans cesse, sans

8..

presque changer de place, comme ces bourdonnantes nuées d'insectes qui se répandent le soir sur les chemins.

Le fils de Dennigral observa long-temps ces bataillons innombrables, et en vit plusieurs qui s'engouffraient dans la caverne aérienne dont nous venons de parler. C'était un perpétuel échange entre le tourbillon principal et le rocher. Tous deux se rendaient et se reprenaient tout à la fois des milliers de ces oiseaux à la queue bifurquée, dont les cris aigus s'éparpillaient confusément dans l'espace.

Poussé d'une invincible curiosité, le jeune chasseur résolut d'aller troubler la bruyante colonie dans les plus intimes profondeurs de sa demeure. Il fallait, pour cela, se suspendre à deux cents pieds au dessus du rivage; ce qu'on ne pouvait réaliser qu'après avoir gravi jusqu'à cette hauteur une muraille en surplomb. L'entreprise était dangereuse à tenter : elle était folle; aussi, le jeune homme n'hésita pas un seul instant.

Il enfonça successivement plusieurs crampons de bois dans les fissures inférieures qui s'offraient à sa portée, et s'éleva sur ces premiers échelons pour en planter d'autres.

Muni, en outre, d'une corde qu'il s'était fabriquée avec les filamens d'une liane rampante qui croissait aux environs, il la lança avec dextérité, parmi les branches d'un bouquet de bambous qui se hérissait au bord du large soupirail indiqué plus haut.

La corde s'enroula autour des bambous, et s'y fixa avec solidité, grâce à une lourde pierre dont elle était pourvue à son extrémité. Par ce moyen l'ascension devenait plus facile et moins périlleuse.

Le fils de Dennigral se suspendit à ce câble et monta avec l'agilité de l'écureuil.

Il fut bientôt arrivé au bord de la caverne aux hirondelles. Là, il prit pied, et entra en se glissant sur le ventre comme un serpent.

La multitude de ces oiseaux qui tournoyaient à l'extérieur, s'était dispersée à l'approche du chasseur; mais ceux qui se trouvaient dans la caverne n'en sortirent pas.

Il étendit la main au hasard et toucha plusieurs nids, lesquels lui parurent vides. Ces nids étaient juxta-posés avec une précision égale à celle qu'on remarque dans l'arrangement des alvéoles d'une ruche à miel.

Il lui vint à l'idée que la construction de ces nids pouvait être curieuse à observer. Allongeant de nouveau la main, il choisit ceux qui, au toucher, lui parurent les plus beaux, et en arracha une demi-douzaine.

Chargé de ce butin, il rebroussa chemin, toujours en rampant, sortit de la caverne, se suspendit à son câble, mit le pied sur ses échelons, et se retrouva bientôt à terre, sans autre accident.

De retour à l'habitation paternelle, il montra les nids dont il s'était si audacieusement emparé, et qui avaient la forme demi-sphérique d'une écorce d'orange.

Dennigral ouvrit des yeux émerveillés, et déclara que c'étaient là des nids de salangane, premier choix· que les cavernes de Klappa-Noungal, aux environs du mont Salak, en produisaient de semblables, et rendaient à leur propriétaire de 70 à 80,000 piastres par an...

— Et où as-tu trouvé cela ? demanda-t-il en finissant.

— Au bord de la mer, sur les roches du Salatan. J'étais à la poursuite d'un oiseau qui, en fuyant sans cesse, m'a conduit jusqu'à cette merveilleuse caverne... Je n'ai pas tué l'oiseau, et je craignais, au retour, d'essuyer vos reproches, à cause de ma mauvaise chasse...

— Excellente, au contraire ! excellente chasse ! interrompit le père avec une explosion de joie. Et tu dis donc que les hirondelles étaient nombreuses ?...

— Comme les feuilles de la forêt ; comme les cailloux du rivage ; oui, mon père.

— En ce cas nous voilà riches ! Dès demain nous quittons cette demeure, et nous allons nous établir aux environs de ce rocher qui porte notre fortune !

L'ancien soldat disait vrai : c'était, en effet, un trésor que son fils avait découvert. La célébrité des nids d'hirondelle-salangane, sans être aussi répandue alors qu'elle l'est aujourd'hui, commençait néanmoins à faire quelque bruit dans l'île. — On se racontait la fortune rapide et toute récente faite par ce petit marchand portugais qui s'était avisé d'acquérir la terre de Klappa-Noungal où se trouvait une montagne fréquentée par ces oiseaux (1). La cupidité de Dennigral s'alluma

---

(1) L'hirondelle salangane (hirundo esculenta), construit, en effet, des nids fort recherchés comme comestible,

devant l'espoir d'un pareil gain, et, dès le lendemain, suivant sa promesse, il abandonna la cabane qu'il habitait aux environs de Madjapahit, pour aller planter les piquets de sa tente nomade au bord de la mer.

---

par les Chinois opulens. Ces nids, détrempés dans l'eau, et ramollis dans l'eau, de manière à se partager en fibres mucilagineuses, entrent comme assaisonnement dans les ragoûts, dans les soupes, dans les pâtés faits avec soin… La matière blanchâtre dont ils se composent n'a pas été encore bien analysée. Les uns ont parlé de l'écume de la mer ; d'autres, et c'est la version la plus admissible, du résidu d'insectes dont se nourrissent les hirondelles…

Pour recueillir les nids de salangane, les indigènes ont de longues échelles de bambous, aux moyens desquelles ils arrivent à toutes les parties escarpées du rocher ; grimpant ainsi d'une grotte à l'autre, d'une anfractuosité à une anfractuosité. Quelquefois le rocher n'a qu'un seul souterrain ; d'autrefois il y en a plusieurs superposés. Pour que les naturels chargés de la récolte ne soient pas tentés d'en prélever la dîme à leur profit, on ne les laisse monter que nus… Le Javanais tient à la main une bougie de gomme élastique (ficus elastica), sur laquelle est un éteignoir. Il pénètre dans le souterrain, et, lorsqu'il croit toucher un nid, il lève l'éteignoir; aussitôt la flamme reparaît, tant la combustibilité de la gomme est prompte. Ainsi, il peut recueillir les nids facilement, sans effrayer les nombreuses habitantes de ces profondeurs. Les soins de cette récolte se bornent à observer l'époque de la ponte et celle où les jeunes oiseaux quittent leurs nids. Pendant ce temps on les laisse tranquilles. Une portion des nids est recueillie toutefois avant que les œufs y aient été déposés. Ces nids, plus nets et plus blancs, sont ce qu'on nomme dans le commerce des nids de première qualité. Les nids de seconde et de troisième qualité, sont ceux que l'oiseau construit à la hâte, pour la seconde fois, et ceux dans lesquels les petits ont été élevés. Moins beaux et moins propres, ils sont couverts de petites plumes qui ne s'en détachent qu'avec peine, même avec le secours de l'eau. Le prix de ces nids est ordinaire-

Il y avait deux ans que cette résolution avait été prise et accomplie, lorsque Djelma et Anderson arrivèrent au seuil de l'ancienne demeure délaissée, dans l'espoir d'y trouver accueil et abri; et, dans cet intervalle, Dennigral, réalisant ses rêves dorés, avait déjà échangé son toit de pêcheur au bord de l'océan, contre une habitation plus commode, un peu plus à l'ouest, sur le territoire de Madion; celle-ci n'avait pas tardé à devenir un comptoir fréquenté par les Chinois caboteurs, fort affriandés (comme on sait), par le commerce des nids de salanganes; puis, à son tour, le comptoir s'était transformé en une opulente maison située au centre de toute puissance et de toute industrie, dans la métropole même de l'empire, à Soura-Karta.

Et, une fois habitant de Soura-Karta, une fois riche, l'ambition de Dennigral ne connut plus de bornes. Il avait conquis la fortune, il voulut acquérir les honneurs. Dépouillant tout à fait l'ancienne enveloppe du soldat rebelle, il aspira à entrer dans la garde du sultan; et, à force de sollicitation et d'importunités, grâce surtout au puissant concours de l'amiral hollandais qui avait à

---

ment, pour la première qualité, de 3,000 piastres le pickle de 125 livres, chaque livre, de 16 onces, pouvant contenir cinquante à soixante nids. La seconde qualité se paie de 1,400 à 1,500 piastres; la troisième de 7 à 800 piastres le pickle.

Plusieurs cavernes de l'île sont exploitées pour le compte du gouvernement.

DUMONT-DURVILLE. Voyage pitt. autour du monde.

cœur de se faire des créatures dans le palais, il obtint le poste envié de chef des pradjourits, et commanda cette milice souveraine. Singulier rapprochement : au moment même où Djelma-Bessar frappait à la porte de Dennigral, son ancien compagnon, pour lui demander l'hospitalité, celui-ci commandait le détachement de soldats javanais chargés de poursuivre et d'arrêter Djelma-Bessar.

C'était lui dont le voisinage avait failli être si fatal à ce dernier, trois jours auparavant, dans le dessa de Banyou-Menang.

Revenons à nos voyageurs.

Djelma et Anderson furent fort surpris de trouver le silence et la solitude là où ils s'attendaient à trouver l'accueil empressé d'un ami. Ils frappèrent long-temps à cette porte muette. Puis enfin, remarquant que la terre était en friche aux alentours de cette cabane, que l'abandon du toit s'étendait à tout le reste, ils pensèrent que ce seuil avait été visité par la mort, et que la famille de Dennigral était peut-être en ce moment rongée par la misère et par la faim, dans quelque coin de forêt, ou mendiante et suppliante à la porte de quelque ville. Cette triste conjecture fit monter une larme au bord des paupières de Djelma.

Les deux compagnons enfoncèrent cette porte qui refusait de s'ouvrir, et résolurent de passer la nuit dans la cabane déserte de Dennigral.

— Hélas ! dit en entrant Djelma,... un vieillard et un proscrit qui cherchent un refuge dans une masure inhabitée !... Autour de nous, voyez que de ruines ! L'étang de Madjapahit est desséché ; les arbres ont perdu toutes leurs feuilles ; les oiseaux n'ont que des cris lugubres; les serpens eux-mêmes se traînent languissans parmi les pierres, sans dards et sans venins!... Quelle destruction!...

— Ne vous découragez pas ainsi, mon fils; dit amicalement Anderson. A côté de la faiblesse, il y a la force; au-dessus de la confusion plane l'ordre; au-dessus de toutes les tristesses et de toutes les misères, plane le regard compatissant de Dieu!

Les voyageurs trouvèrent sous le chaume abandonné de Dennigral le repos qu'ils cherchaient. Ils y passèrent une nuit paisible; et, quand le jour parut, Djelma se mit en chasse pour assurer la subsistance de la journée.

Il poussa assez loin son excursion, et fit, à quelque distance des ruines, la rencontre assez singulière que voici.

C'était sous un vaste amas de broussailles; des nuées d'insectes bourdonnaient à l'entour. Quelques oiseaux voletaient de branche en branche. Une odeur de cadavre arriva, portée par le vent, jusqu'à notre chasseur, qui doubla le pas, curieux de savoir d'où s'exhalait une vapeur aussi infecte.

Il dépassa le buisson, et aperçut une fleur immense appliquée contre terre. C'était le krouboul (mot qui, dans l'idiome soumadrien, signifie grande fleur). Djelma avait entendu souvent parler des propriétés divinatoires de cette monstrueuse plante qui a des pétales charnus et qui exhale une forte odeur de viande; mais il ne l'avait jamais rencontrée. Il s'approcha avec curiosité de ce cadavre végétal, dont le nectaire était plein de mouches, et qui excitait la voracité des oiseaux de proie. Le krouboul, arrivé à son plus large degré de croissance, a deux pieds et demi de diamètre, huit pieds et demi de circonférence, et pèse quinze livres. C'est la plus grande des fleurs connues. Les indigènes prétendent que sa végétation dure trois mois, depuis l'apparition du bouton jusqu'à l'épanouissement de la fleur, et qu'on ne le voit qu'une seule fois dans le cours de l'année, vers la fin de la saison pluvieuse. Comme la plupart des plantes parasites, celle-ci ne tient au sol que par une petite racine, longue au plus de deux doigts, et qu'il est facile de détacher. Le krouboul, appelé maintenant Rafflesia-Arnoldi, des noms de ses deux modernes parrains (le gouverneur Raffles et le docteur Arnold), est entièrement revêtu d'une enveloppe globuleuse, qui se distend à mesure que la fleur s'agrandit. On est pris d'une sorte d'effroi à l'aspect de ce monstre qui semble participer à la fois de deux règnes; qui tient trop à la terre pour être un animal, qui n'y tient pas assez pour être une plante, et qu'on craindrait presque de blesser, de peur d'en faire jaillir, non de la sève, mais du sang.

Djelma dégaîna le wedung, ou couteau de chasse, qu'il portait à la ceinture, et en asséna plusieurs coups sur la gigantesque fleur qui couvrit la terre de ses débris. Puis il s'approcha de ces lambeaux épars, et, pareil à l'aruspice antique (1), il interrogea le sort dans les entrailles du krouboul.

---

(1) Quelques usages javanais rappellent en effet les coutumes sacrées des anciens. Ainsi l'on tue un buffle ou un mouton, et l'on consulte ses entrailles la veille d'un mariage ou la veille d'un combat. On verra plus loin que ces ressemblances s'étendent jusqu'aux jeux scéniques.

Voici les trois questions sur lesquelles Djelma désirait être éclairci :

Premièrement, la maladie de l'empereur de Java était-elle arrivée à son dernier période? était-elle mortelle?

La fleur, qui exhalait une odeur de tombe, ne laissait aucun doute sur ce point. Assurément l'empereur Mankoural se mourait, s'il n'était déjà mort.

Secondement, les jours du proscrit seraient-ils en danger dans le cas où, persistant à ne pas se séparer d'Anderson, il accompagnerait témérairement celui-ci jusqu'à Sourakarta?

Djelma se baissa, et reconnut qu'aucun de ces fragmens, séparés au tranchant de son wedung, ne portait de traces sanglantes. L'acier avait coupé les chairs sans faire jaillir une goutte de sang.

L'augure était donc favorable sur la seconde question : Djelma pouvait, sans danger de mort, se présenter à Sourakarta.

Enfin il voulait savoir combien de jours seraient comptés depuis son départ de Samarang jusqu'à son arrivée dans la ville impériale.

Les morceaux gisans du krouboul étaient au nombre de sept. Les voyageurs étaient partis depuis cinq jours : donc ils arriveraient dans deux.

Convaincu par cette dernière réponse de la nécessité de faire prompte route, Djelma se hâta de terminer sa chasse; ce qui ne lui fut pas difficile, tant les oiseaux de toutes sortes, et surtout les faisans et les cailles, abondaient dans ces parages. Puis il regagna la hutte abandonnée de Dennigral, où l'attendait Anderson.

— Réjouissez-vous, vieillards! lui cria-t-il,

du plus loin qu'il l'aperçut. Les dieux ont parlé : je viens de consulter leur oracle : j'ai rencontré la fleur géante, le krouboul divin, qui ne ment pas....

— Et que vous a annoncé la fleur géante ? demanda en souriant le missionnaire.

— Elle m'a dit qu'il faut nous hâter; que l'empereur est à l'agonie; que je dois vous suivre; que je n'ai rien à craindre près de vous; que ce voyage, entrepris dans une pieuse pensée, touche enfin à son terme, et que, dans deux jours, entendez-vous, nous serons à Sourakarta...

— Dans deux jours !

— Oui, mon père. Ainsi quittons ce désert où nous sommes venus consulter les dieux, et marchons courageusement, jusqu'à ce que nous heurtions aux portes du palais de Mankoural. J'invoquerai Siva, Sambhou, Sankara et Iswara, et tout me dit que nous réussirons dans notre grande entreprise.

— Partons, dit Anderson.

Et ils se mirent en route.

Deux jours après, ils arrivèrent à Sourakarta.

IX

LA MAISON DE PRÊT.

« C'est sans doute un sublime spectacle que
» celui d'un volcan qui jette ses laves. L'Ar-
» jouna, cette haute montagne, est belle à voir
» avec son panache de fumée qui se balance dans
» le ciel. Il y a plaisir à contempler l'altier som-
» met de l'Idjen, qui répand l'eau comme la bou-
» che d'une cataracte, ou comme l'évent d'une
» baleine monstrueuse. On vante avec raison la
» beauté de ces forêts impénétrables, où crois-
» sent les arbres entrelacés comme des serpens,

» où se tordent les tiges vénéneuses du tchet-
» tik (1), autour du tronc robuste de l'arbre
» djati (2), qui ressemble à une colonne. Dagon-
» Louhour est citée pour son obscurité profonde,
» que ne sauraient percer les rayons du soleil;
» Chériboun, pour ses cinq terrasses, adossées à
» la montagne, et qui s'étagent en parapets or-
» nés de vases de fleurs, présens des rois mu-
» sulmans. On parle avec admiration du tombeau
» du grand cheik Moulana, qu'ombrage un rideau
» de palmiers; de l'ancienne cité de Dgegeland,
» toute couverte de temples aux frises sculptées;
» de Soukou, l'humble village, peuplé de rui-
» nes égyptiennes (3); de Madjapahit enfin, la
» vieille capitale, dont le voyageur cherche au-
» jourd'hui la place dans les mousses et les
» fougères, et qui développait autrefois sa lon-
» gue muraille rouge sur les versans et dans les
» vallées comme un ruban sinueux. J'oubliais
» Trangwoulan, sur le territoire de Sourabaya :
» Trangwoulan, où sont les tombes blanches,
» surmontées de turbans et gardées par des prê-
» tres; et Passarouang, où se trouve le lac Ranou,
» peuplé de crocodiles familiers. Mais nulle de
» ces merveilles, nées de la volonté de Dieu ou

---

(1) Ou tieuté-upas : sorte de liane. (Voir au dernier chapitre de ce livre, intitulé l'Upas.)

(2) C'est l'arbre de teck (tectona grandis.)

(3) Il est remarquable, en effet, que les vestiges de sculpture qu'on rencontre à Soukou (village situé près de Sourakarta), présentent la plupart des symboles égyptiens : savoir le palmier, le pigeon, l'épervier et le serpent.

» de la main des hommes ; nul de ces grands
» spectacles faits pour récréer le cœur et
» le fortifier par la pensée comme du mangou
» excellent ; nulle de ces beautés n'est compara-
» ble à celle du palais de Sourakarta, lorsque
» le très-auguste empereur Sid'Aroun Man-Koural
» y fait sa résidence; Sourakarta, la demeure du
» soleil (1), où l'air est frais et pur, et embaumé
» des senteurs du malati et de la fraise, et
» des parfums de la rose de Chine, où croît
» l'igname fondante et la patate douce, et le bétel
» de Patani, qui fait tout oublier. Lorsque le
» soleil s'abaisse derrière les hautes murailles du
» kraton impérial, la sublime résidence projette
» au loin son ombre sur les vallées et les colli-
» nes, et grandit dans le ciel à mesure que
» l'astre de feu précipite sa course au bord de
» l'horizon. Le voyageur attardé dans la plaine,
» et qui regarde Sourakarta en ce moment,
» peut croire que la demeure souveraine s'est
» subitement transformée en tombeau ; mais,
» en approchant mille pas plus près, et en re-
» gardant avec les yeux du serpent, il voit cou-
» rir çà et là des feux sur les terrasses ; en ap-
» prochant mille pas encore, il aperçoit les
» esclaves qui allument ces feux : esclaves venus
» de Bali, le pays des esclaves, reconnaissables
» à leurs caleçons courts, en étoffe rayée. Enfin,
» s'il s'approche jusqu'aux pieds des murs, il

---

(1) « Demeure du soleil ; » c'est la traduction littérale du mot Soura-Karta.

» entend un grand bruit au-dessus de sa tête,
» comme le bruit que fait le Kiamis la veille
» d'une éruption. C'est que jamais le soleil ne
» se couche à Sourakarta, et que le grand em-
» pereur, lorsqu'il lui plaît de ne pas clore la
» paupière, rallume le jour, et ordonne que tout
» aille et vienne autour de lui... »

Ce fragment d'un poème contemporain peut donner une idée de la sensation qu'éprouvèrent nos voyageurs à l'approche de la cité puissante. Ils virent briller les feux, ils entendirent l'incessante clameur dont parle le poète. Celle-ci n'avait jamais été si haute, ceux-là n'avaient jamais été si éclatans. C'est qu'un grand mouvement avait lieu dans le palais. La maladie de l'empereur était l'occasion de ce tumulte. On préparait de toutes parts des sacrifices de buffles, de porcs et de chevaux. Les mosquées bourdonnaient de prières. Imans et brahmans s'évertuaient à l'envi pour obtenir du ciel le rétablissement de l'empereur Man-Koural. Lorsque Anderson et Djelma se présentèrent à l'une des portes de la ville, ils furent enveloppés dans un tourbillon de cette foule qui les entraîna malgré eux. C'étaient de lourds convois de vivres et de bois de senteurs, de massifs attelages de buffles charriant des monceaux de provisions comme pour une fête. On eût dit que tout l'empire, que tous les états voisins affluaient à Sourakarta. Joana avait fourni son riz, Samarang ses ignames et ses bananes, Malacca ses noix de bétel, Malabar ses badamiers, Patani ses mangoustans et ses melons d'eau. Il y avait aussi de grands cerfs, avec de jeunes couples de gazelles, et des moutons aux bêlemens plaintifs : tout cela conduit par de nombreux esclaves, aux costumes variés.

Djelma et Anderson n'eurent pas grand'peine à tromper les regards qui auraient pu les suivre dans ce pêle-mêle d'hommes, d'animaux et de chariots. Ils passèrent inaperçus, et se mirent en quête d'un gîte, car la nuit approchait.

Ils s'acheminèrent vers le quartier en apparence le moins peuplé et le plus pauvrement peuplé de la ville, et s'arrêtèrent devant une maison construite en bambous et en argile, sur le seuil de laquelle était assise une vieille femme au visage avenant.

Au premier mot que lui dit Anderson, cette femme se leva, et répondit par un signe de tête affirmatif.

— Vous consentez donc à nous recevoir dans votre maison ?

— Très-volontiers, répondit-elle, en promenant un coup-d'œil appréciateur sur les habits et la ceinture richement armée du khatriya,.. si vous consentez à me donner cela.

Elle désignait le soumping ou fleur artificielle en or qui jouait sur l'oreille de Djelma.

— Impossible, dit en riant celui-ci : femme, demande-moi autre chose.

— Alors, reprit la vieille, il me faut ton anneau.

— Impossible encore, répondit Djelma. C'est comme si tu exigeais que je te donnasse mon kriss...

— J'allais te le demander.

— Parles-tu sérieusement?

— Aussi sérieusement que parle mon mari quand il expédie ses marchandises ou qu'il prend terme pour ses échéances ; aussi sérieusement que Dennigral lorsqu'il fait le compte de ses souvarnas d'or...

Au nom de Dennigral, un rapide coup-d'œil de surprise fut échangé entre nos compagnons.

— Dennigral ! répéta Djelma... Ton mari se nomme Dennigral ?

— Sans doute.

— Dennigral, l'ancien soldat de Trouna-Jaya?

— Qui dit cela ? fit la vieille, dont la physionomie rieuse se troubla tout-à-coup... Mon mari n'a jamais connu de rebelles... mon mari n'est pas un rebelle !... il obéit fidèlement à l'empereur, et a toute la confiance de l'amiral.

— Et cependant tu dis qu'il s'appelle Dennigral ?...

— Oui : mais Dennigral, le marchand; Dennigral, le commerçant; et non pas Dennigral le rebelle, entendez-vous ?...

Tout en parlant, sous l'influence d'une crainte qui se trahissait malgré elle, la vieille regardait attentivement son interlocuteur...

Elle reprit tout-à coup sa première assurance, et dit avec enjouement :

— Mais j'y pense ; vous voulez éprouver ma discrétion, seigneur khatriya, comme je voulais tout-à-l'heure éprouver votre générosité. Ne vous mettez pas en peine; gardez votre anneau, votre soumping et votre poignard. Je ne veux point vous faire payer l'hospitalité. Le plaisir de vous recevoir me suffit. Entrez dans cette maison qui devient la vôtre, et soyez-y le bien venu, ainsi que le grave personnage qui vous accompagne.

Les voyageurs acceptèrent sans plus de façons l'offre un peu tardive de la vieille, et franchirent le seuil de cette singulière maison.

La chambre dans laquelle ils entrèrent ne démentait par aucun ornement l'excessive modestie de la façade extérieure : c'était le même aspect, triste et délabré, annonçant l'incurie et la misère.

Mais la chambre qui faisait suite à celle-ci cachait ses murailles sous d'épaisses nattes de fibres de palmiers. Le sol aussi était couvert de nattes, et dans chaque angle se dressait un lit ou divan, formé de coussins d'étoffes peintes.

La vieille, qui marchait devant ses hôtes, ouvrit une troisième porte, puis une quatrième; et, à chaque chambre qu'ils traversaient, leur étonnement redoublait; car ce qui avait d'abord été de la misère, puis de la propreté, puis du bien-être, puis de l'élégance, était devenu du luxe. On ne marchait plus sur des nattes, mais sur des tapis. Les murailles disparaissaient sous des tentures opulentes. Çà et là étaient amoncelés ou dispersés mille objets précieux, de riches pagnes, des colliers d'or, des vases à parfums, des instrumens de prix, des trophées d'armes magnifiquement ciselées. Des meubles en ivoire massif supportaient des piles de coussins brodés ; de larges enfoncemens, figurant des armoires, regorgeaient de cristaux et de coquillage nacrés. C'était tantôt l'argent de Java, tantôt l'or des Philippines, tantôt l'ambre gris et les perles de Holo, ou le camphre et les diamans de Bornéo. On respirait, au milieu de ce fouillis éblouissant, les suaves parfums du benjoin et du sandal, conservés dans des sachets et des éventails en feuilles de lataniers.

A la vue de tant de richesses entassées, Djelma rejeta bien loin l'idée qui lui était venue d'abord.

— Bien certainement, se dit-il, mon ancien compagnon, perdu au désert, n'a pu en revenir pour faire une fortune aussi rapide!... Où avais-je donc la pensée!

La vieille paraissait jouir de la surprise de Djelma; ce n'était pas sans dessein qu'elle le faisait passer ainsi de chambre en chambre, lui étalant toutes ces splendeurs, toutes ces féeries de luxe d'Orient. Elle résolut d'accomplir jusqu'au bout son œuvre de mensonge; et, faisant signe à ses hôtes de la suivre, elle passa de la dernière chambre dans la première cour, où se trouvaient de vastes hangars et de spacieux magasins.

Là étaient empilés des blocs d'étain, venus de Banka, des sacs de riz et de maïs, d'énormes boucauts d'épices des Moluques, des dents d'éléphans et des cornes de rhinocéros. Au centre de la cour, s'arrondissait un bassin de jaspe rouge, où se jouaient mille poissons aux reflets argentés; et dans ces eaux limpides se miraient les hautes tiges des arbres les plus rares : la nauclée d'Orient, le kanari des Moluques, le guettarde de l'Inde, et le grand filaos à feuille de prêle.

— Vous voyez, dit la vieille en se retournant, que la maison de Dennigral peut vous servir de gîte, et que la place ne vous manquera pas. Mais ce n'est pas tout, ajouta-t-elle ; voyez encore ceci.

Elle les fit passer dans une seconde cour où se trouvaient emmagasinés des bois de charpente et de teinture : le teck incorruptible, le kijatil robuste et l'odorant lingoa s'y élevaient, disposés en larges théâtres, amincis en planches ou équarris en solives. Plus loin des ouvriers faisaient bouillir les noix du bassia, pour en extraire le suif, le rarak pour en exprimer le savon; d'autres faisaient macérer les branches et les feuilles de l'indigo pour le préparer à recevoir un mélange de chaux vive. D'autres enfin broyaient le kassoumba safrané, le turmeric jaune, l'écorce noire du mangoustan et les racines rouges du meng-koudou et de l'oubar.

La troisième cour était environnée d'ateliers remplis de femmes, occupées, pour la plupart, à extraire le coton de sa graine et à le carder.

Les ateliers de tissage et de teinture étaient voisins de ceux-ci; mais on ne pouvait les apercevoir.

La vieille ouvrit une quatrième porte, qui donnait accès dans une quatrième cour.

C'étaient des étables et des écuries. Les bœufs accroupis ruminaient l'herbe drue et appétissante. Des serviteurs aux manches retroussées leur lissaient le poil et leur lustraient les cornes. D'autres serviteurs peignaient les crins des chevaux, et jetaient aux éléphans des boules de riz et de farine détrempée.

— Par la trompe de Ganésa ! s'écria Djelma émerveillée, ton mari est donc riche comme le rajah de Timor ? Tout ceci étonne la pensée. Il y aurait de quoi rendre folle la sagesse même ! Est-ce fini ?

— Pas encore, seigneurs, répondit la vieille ; il me reste à vous montrer la volière et les jardins...

— La volière et les jardins! répéta Anderson.

— Et à vous conduire enfin dans votre chambre, exposée au soleil levant, et d'où vous pourrez entendre les chansons matinales des pies, des kokilas et des perroquets,... sans compter la vue du kraton impérial, qui vous réjouira les yeux à votre réveil!... C'est encore quelque chose; et vous pourrez vous figurer (confondant le bruit de la volière avec celui du palais) que nous sommes revenus au temps où dix mille femmes, bien armées et bien équipées, composaient la cour et la garde du sonsounan.

La gaîté de la vieille gagna ses deux hôtes, qui se félicitèrent de cet heureux accueil, oubliant complètement qu'ils avaient passé par une masure pour entrer dans ce palais.

Mais où se trouvaient-ils? C'est ce qu'on va savoir bientôt.

Réalisant la promesse qu'elle venait de faire à ses hôtes, la vieille allait passer de la quatrième cour dans la volière, et de celle-ci dans le jardin, lorsqu'un petit garçon de six ans, complètement nu, suivant la coutume de ce pays, où les adultes seuls revêtent le djarit (c'est ainsi qu'on appelle la robe de coton, qui est la robe prétexte des Javanais); lorsqu'un petit garçon, disons-nous, s'approcha vivement et lui dit quelques mots à l'oreille. Aussitôt la vieille s'arrêta, et, comme se ravisant, rebroussa chemin, abandonnant à l'enfant le soin de guider les étrangers dans cette interminable enfilade de cours et de jardins.

L'enfant comprit tout d'abord la mission dont on le chargeait, et se mit à marcher ou plutôt à courir bravement devant Djelma et Anderson, qu'il conduisit à un petit pavillon, construit en bambous et en fibres de palmier, et dont il leur désigna l'entrée avec un geste significatif. C'était là, en effet, que nos deux compagnons devaient passer la nuit.

Ils prirent possession du pavillon, et s'y installèrent. Le petit garçon plaça devant eux quelques fruits, deux gâteaux de riz, deux grandes jattes de brom, et les quitta pour retourner auprès de sa maîtresse.

Il la trouva dans la singulière compagnie d'un petit homme au visage jovial et rusé, portant la barbe nattée et rattachée aux deux oreilles. Ce personnage était coiffé d'une calotte de cuir dont la mèche s'agitait sans cesse, car il paraissait fort remuant. D'une main il tenait deux chevaux par la bride, tandis que de l'autre, restée libre, il gesticulait avec action.

— N'êtes-vous pas bien aise de me revoir, Lavanyâti? disait cet homme en montrant une double rangée de dents noires et luisantes comme du jais; c'est que j'ai fait une longue absence!... J'ai voulu revoir Bali-Balou, où je suis né. Mais il aurait fallu me nourrir des plantes qui croissent le long du chemin... A peine étais-je parti que j'étais ruiné: chaque buisson m'arrachait un flocon de laine; dans chaque fossé je laissais choir une pièce d'or... J'eus bientôt à opter entre deux partis également fâcheux: me pendre à quelque branche aussi sèche, aussi tortue que ma fortune, ou vivre gueux comme un brahmane...

— Oses-tu parler ainsi, abominable coquin!...

— Attendez, respectable Lavanyâti... Je préférai vivre gueux, et voici pourquoi : le bien-être d'une chétive créature comme moi, cela ressemble à la lune : cela croît et décroît pour recroître encore au bout d'un certain temps. Regardez-moi bien... Ai-je l'air d'une pleine lune? Non. Je suis un maigre croissant. Mais attendez quinze jours, je reprendrai mon embonpoint. Je crois que je touche à mon premier quartier. Et tant mieux! car je suis las de n'oser déployer mon manteau, de peur d'en faire voir les trous ; je suis las d'entendre aboyer les chiens après mes jambes, et de voir passer mes amis d'hier qui se cachent le nez et me montrent l'épaule, en évitant de croiser mon chemin... Par les cornes d'Eravâta, le céleste éléphant! suis-je donc pestiféré? Oui-dà, je le suis... et bien mieux que pestiféré : je suis pauvre!.. ou plutôt je l'étais. Mais si vous m'offrez un bon prix de ces deux chevaux, excellente Lavanyàti, je ne le serai plus.

— Ces deux chevaux? Tu veux donc les vendre?

— Certainement. Comme je vous ai vendu, il y a un mois, ce beau dromadaire, que j'avais gagné à Kali-Radoul-Seyd, le colporteur arabe; comme je vous ai vendu, il y a trois semaines (1),

---

(1) La semaine, ou série de sept jours, a été introduite à Java par les Hindous, et renouvelée par les Arabes. Dans les premiers temps, les peuples de cette île la divisaient en cinq jours, auxquels présidaient cinq divinités spéciales, et qui empruntaient leurs noms aux couleurs successi-

ces trois colliers et ces douze pièces d'étoffes, présent de ce riche marchand portugais, à qui j'avais sauvé la vie en lui appliquant un cataplasme de feuilles de tamarin broyées.... ce qui l'a guéri de son érysipèle.... Il est vrai que j'y avais mêlé quelques feuilles de datoura...

— Ah! traître! pour le guérir, n'est-ce pas?

— Pour lui procurer un sommeil bienfaisant... Où est le mal? Je vous ai donc vendu trois colliers, douze pièces de batiks (1) et un superbe dromadaire...

— Tu mens: je n'ai rien acheté...

— Vous les avez retenus en gage, ce qui revient au même... Allons: ne vous fâchez pas. Vous voyez bien que je n'ai pas de rancune, puisque je vous offre aujourd'hui ces deux chevaux...

— Combien veux-tu de tes deux chevaux?

— Combien me prêtez-vous? Remarquez avant tout leur beauté!... voyez la finesse des jarrets, la rondeur de la croupe, la beauté de l'encolure.... l'opulence des crins!... Et quelle viva-

---

ves de l'horizon. Le premier jour était le bleu et l'orient ; le second le rouge et le sud ; le troisième le jaune et l'occident ; le quatrième le noir et le nord ; le cinquième, de couleur mêlée, était le foyer ou le centre. Ces divisions représentent aussi les bazars, ou jours de marché.

Les noms de la semaine hebdomadaire sont évidemment sanskrits. Les voici : Daïtia, Lonia, Angara, Bouddha, Wraspoti, Soukra, Sanischara ; ce qui correspond à nos appellations : dimanche, lundi, etc.

(1) C'est le nom qu'on donne aux étoffes de coton peintes à l'aide d'un procédé particulier qui en double la valeur.

cité ! quel feu ! Ils ont vu la Mecque, aussi sûr que vous verrez le séjour d'Indra.

La vieille, sans l'écouter, se mit à examiner attentivement les deux chevaux.

— Oh ! regardez, regardez ! continua l'homme avec confiance. Vous ne leur trouverez pas un défaut. C'est qu'ils m'ont coûté assez cher !

— Assez cher ! répéta Lavanyâti d'un air incrédule.

— Mais, oui, fort cher ! Je les ai reçus en échange d'une grande pirogue que j'ai cédée ces jours-ci à l'héritier impérial, lequel voyageait dans les montagnes saintes en compagnie d'un sage mouni à barbe grise, son secrétaire ou son précepteur, je ne sais lequel des deux

— Et ta pirogue, combien t'avait-elle coûté ?

— Ah ! pour la pirogue, c'est différent ! Un batelier chinois m'en avait fait cadeau...

.... Et dire, continua l'homme en frappant du pied, que l'argent des dromadaires, l'argent des colliers, l'argent des douze pièces de coton... dire que tout cela est parti, perdu sans ressource ! Ah ! sot que je suis !... ou plutôt maladroit que j'ai été ! un autre coup de dé doublait ma fortune !... Tenez, Lavanyâti, il faut que je vous conte...

— Point, point ! s'écria la vieille. Je devine tout.

— Figurez-vous ma dernière chance ! c'est le coup de trois qui m'a entamé ; le deux m'a fait venir la chair de poule ; l'as m'a tué aux trois quarts, et le quatre m'a complètement déconfit !... Voici la position du jeu...

— Assez, te dis-je, fils d'esclave !) encore une fois, combien veux-tu de tes chevaux ?

— Vous avez visité les deux bêtes?

— Je sais ce qu'elles valent.

— Vous savez alors qu'elles valent deux cents piastres.

— Deux cents piastres !!

— Ce n'est pas là une somme pour vous...

— Avec quel mépris ce drôle parle de deux cents piastres !

— Je ne les méprise pas ; mais je les jouerais d'un coup.

— Un misérable en haillons !..

— Bah ! bah ! les haillons du joueur valent le manteau écarlate d'un rajah ! Quand je joue, j'ai les revenus d'un empire !... Ah ! par exemple, quand je perds...

— Eh bien ! quand tu perds...

— Alors, je viens à vous, Lavanyâti, et je me livre à votre discrétion. Voyons, en conscience, ces deux bêtes ne valent-elles pas deux cents piastres ?

— Elles valent vingt mas d'or, et pas un pichi avec.

— Vous avez l'âme dure comme le diamant ! Me proposer vingt mas ! deux coqs de Bornéo vaudraient davantage.

— Oui ; mais deux chevaux volés !...

— Echangés, s'il vous plaît !

— Echangés ou volés, qu'importe ! D'ailleurs, tu sais que je n'achète pas : je prête.

— Très-bien ! Je vois que vous êtes compatissante comme un caillou. Tenter de vous apitoyer, c'est chercher le lotus sur une roche, c'est demander à une mule l'allure du chameau. Et moi qui espérais... Que je fus insensé !

— Voyons... te décides-tu?

— Je prends les vingt pièces d'or. Au fait, il n'en faut pas davantage pour devenir riche.

— Tu vas donc encore jouer, mauvais?

— Une petite partie d'échecs, pour me refaire.

— Tu perdras tout.

— En ce cas vous me reverrez.

— Tiens; voilà tes vingt mas.

— Et voilà les deux chevaux.

Il résulte clairement de ce dialogue que la maison de Dennigral était une maison de prêt. Ces sortes d'établissemens sont fort communs à Java, et surtout dans les grandes villes comme Batavia et Sourakarta, où le luxe a pris un développement excessif. Le fond du caractère javanais est la frivolité, l'amour des brillantes babioles et des divertissemens. Pour satisfaire à ces goûts ruineux, ils engagent tout, jusqu'à leurs terres. Un Javanais de distinction veut s'entourer d'un nombreux cortége : pour avoir un grand état de parures et de domestiques, il aliène jusqu'à ses *harta poussaka*, ou objets qu'il a hérités de ses ancêtres. Le numéraire se fond dans ses mains imprévoyantes, et son orgueil est en lutte continuelle avec l'approche de la pauvreté.

Nonchalance et vanité : voilà plus qu'il n'en faut pour faire vivre et prospérer les prêteurs sur gages. Dennigral avait compris cela lorsqu'à côté de son industrie déjà connue (le commerce des nids d'hirondelles), il avait jeté les fondemens de cet autre négoce, plus brillant encore peut-être, et dont le lecteur a déjà pu apprécier les résultats. Tous, depuis les plus riches jusqu'aux plus pauvres, étaient devenus, en peu de temps, les tributaires de Dennigral. L'heureux spéculateur dévorait les plus opulentes maisons, comme les plus humbles masures. Aux uns il prêtait des bijoux, aux autres des chevaux, des serviteurs, de riches litières ; à ceux-ci, de splendides habits pour faire figure ; au plus grand nombre, de l'argent pour jouer, car le jeu est la passion dominante de ce peuple paresseux. Le Javanais joue quand sa maison brûle ; il fait combattre des taureaux, des porcs, des béliers, des coqs, des cailles, jusqu'à des grillons, jusqu'à des sauterelles. Des sommes considérables sont pariées de part et d'autre : on irrite les animaux avec des orties ou des bâtons pointus; on excite les insectes avec de petits brins d'herbe et des aiguilles acérées. Partout le jeu, partout la folle dissipation, les représentations scéniques, les accords du gamelan, les notes crépitantes du tambour de basque!.. On dirait ce peuple en liesse perpétuelle ; on dirait un peuple d'enfans, si, par intervalles, au milieu de ces joies bruyantes, au milieu de ces groupes insoucians, n'apparaissait, comme un pâle fantôme, le fumeur d'opium : tantôt hébété, aveuglé (matta-glab); tantôt furieux, écumant, hérissé, brandissant le couteau, et se frayant dans la foule un passage sanglant au cri d'amok ! amok ! « tue ! tue ! » ce qui fait donner à ces malheureux le nom d'amokspowers... Alors le côté puéril du caractère national disparaît pour faire voir le côté sinistre ; alors l'enfant qui joue fait place au féroce insensé qui court le muck (1).

---

(1) C'est courir au cri d'amok. Ordinairement ces furieux

On connait assez Biadjou-Praho pour ne pas établir un parallèle injurieux entre son caractère, jovial et pacifique, et celui de ces sombres énergumènes. Biadjou (qui se retrouve sur notre chemin pour la seconde fois) ne participait en rien de la nature de ces fumeurs enragés. Il ne jouissait pas d'une probité intacte, comme on l'a pu voir ; mais ses mœurs étaient douces jusqu'à l'indolence. Il n'eût pas versé une goutte de sang, et le spectacle des combats de coqs lui inspirait l'horreur la plus profonde. Son enfance, très-négligée, avait corrompu sa jeunesse. Son père, homme de la caste la plus méprisée, l'avait envoyé aux champs lorsqu'il marchait à peine, et le jeune Biadjou n'avait connu, jusqu'à dix ans, d'autres conditions que celle-là, l'oisiveté; d'autre conversation que les mugissemens de ses bestiaux. Un autre, à sa place, se serait abruti ; lui tint bon contre la misère, et réussit à prendre son malheur en gaîté. Décidément abandonné par son père, il quitta Bali, son île natale, pour venir chercher fortune au-delà du détroit. La première industrie qu'il exerça fut celle de marchand de fleurs. C'était à Batavia, où le goût des fleurs est si généralement répandu ; et tout présageait à l'enfant un avenir réparateur, lorsque la subite

---

se font abattre au premier carrefour comme des chiens enragés.

Durant les cinq années de leur occupation, les Anglais fermèrent les maisons de jeu, et celles où se réunissaient les fumeurs d'opium : ce qui rendit plus rares ces courses meurtrières.

invasion du mordecchi ou choléra-morbus, dans les parties basses de l'île, dépeupla tout ce côté du littoral, et ruina le commerce naissant de l'orphelin.

Voilà donc sa vie livrée une seconde fois aux chances du hasard. Il se mit en route, en chantant, et suivit les gens qui fuyaient.

Parmi tant de malheureux, il y avait beaucoup d'aventuriers et de malfaiteurs, qui se déclarèrent, d'un commun accord, ses protecteurs et ses amis. Ils le dépouillèrent sans pitié du peu d'argent qui lui restait, s'emparèrent même de ses habits, et le laissèrent entrer, complètement nu, dans la ville de Sourakarta.

L'enfant chantait toujours. Il fut rencontré en cet état par un djaksa qui allait s'asseoir sous le portique de la principale mosquée afin d'y rendre la justice.

Le djaksa fit signe à ses assistans (kliwans), lesquels lui servaient de conseils, et au besoin d'exécuteurs, et qui se saisirent de Biadjou, le garrottèrent, et le conduisirent au pied du tribunal.

A sa première réponse, qui ne satisfit pas le djaksa, Biadjou fut condamné à la peine du fouet; et deux hommes de Bali, armés chacun d'une corde à nœuds, se disposaient à lui infliger la terrible correction, lorsque la litière de l'Empereur vint à passer. Les bourreaux s'arrêtèrent.

Man-Koural s'informa de ce jeune garçon, dont la figure lui plut, et qu'il questionna lui-même sur son nom et sur son origine.

Aux premières explications du patient :

— Marchand de fleurs ! interrompit le monarque émerveillé... Tu étais marchand de fleurs !

— Oui, soleil de miséricorde !

— Ainsi tu saurais, au besoin, cultiver le marsan des Indes et la rose de Chine ?

— Oui, soleil de prudence et de bonté !

— Tu pourrais sauver de leur dépérissement mes arbres d'encens venus de Siam, et récolter la précieuse résine du benjoin que nous envie l'Europe, cette île maudite, veuve de parfums ?

— Sans doute, glorieux maître, répondit Biadjou, sans se déconcerter. Et de plus, je sais une infinité de chansons dont j'amuserai vos augustes loisirs. Je sais réciter le tcherita sacré, où l'on voit le divin Rama construisant un pont de rochers sur la mer pour aller combattre le géant de Lanka, le chef des rakchasas, Rawana aux dix têtes... Je vous raconterai comment le puissant radjarchi Moutchoucounda, aux yeux dévorans, dormit dans une caverne pendant quatre générations d'hommes, et se réveilla pour foudroyer du regard l'imprudent Cali-Yavâna, qui avait voulu le voir dormir (1). Je vous dirai à la

---

(1) Ce détail est assez remarquable pour que nous nous y arrêtions.

Voici ce qu'on lit dans l'histoire de Cali-Yavâna, extraite du Harivansa : — « Moutchoucounda était un ancien roi, fils de Mandhata, neuvième prince de la race solaire. Il avait autrefois secouru les Dévas dans une de leurs guerres contre les Asouras. Pour prix de ses services, il avait demandé à dormir jusqu'au temps de Crishna. — « Que la flamme de
» mes yeux irrités, avait-il dit, dévore quiconque osera
» me réveiller ! » — Indra avait accédé à sa demande, et

suite de quel furieux combat Ganésa perdit une de ses cornes. Je vous parlerai du grand singe Wou-Wou, notre ancêtre commun, de qui nous descendons tous, s'il faut en croire ceux des montagnes. Je vous entretiendrai de toutes ces choses;... et si mon bavardage vous fatigue, soleil de bravoure, je me tairai ; car je sais aussi cela : me

---

le prince, se retirant dans une caverne, s'y était tranquillement endormi. Cette histoire avait été racontée à Crishna par le sage Narada : le héros savait quel devait être l'effet du réveil de Moutchoucounda. C'est près de lui qu'il venait d'amener Cali-Yavana. Il va se placer lui-même à la tête du prince assoupi, ayant ainsi la prudence de laisser libre l'entrée de la caverne et de se mettre à l'abri de son regard. L'imprudent Yavana arrive ; il voit le monarque endormi et comme inanimé ; il le prend pour Crishna et le pousse rudement du pied. C'est la mort qu'il provoque ; il est en ce moment comme la sauterelle qui s'approche du foyer. Montchoucounda s'éveille ; il se rappelle de quel châtiment il peut frapper l'importun qui vient d'interrompre son sommeil ; il le regarde, et comme l'arbre desséché que vient de frapper la foudre, Cali-Yavana est consumé par la flamme qui jaillit de ses yeux..... »

Cette fable, qui rappelle celle de Sémélé brûlée par Jupiter, a une suite qui rappelle celle d'Epiménide :

« ..... Moutchoucounda sortit de sa caverne conduit par le héros des yadavas (Crishna). A mesure qu'il s'avançait sur la terre, son étonnement augmentait... Il comparait ce qu'il avait vu autrefois avec ce qu'il voyait maintenant. Il ne pouvait revenir de sa surprise : tout lui paraissait faible et dégénéré ; les hommes surtout étaient moins grands et moins vigoureux. Il ne chercha point à réclamer son trône, qui n'était point resté vacant. D'autres pensées que celles de l'ambition l'occupaient. Il se retira sur l'Himalaya pour s'y livrer aux pratiques de la pénitence ; et, par la mortification, il parvint à se délivrer de ce corps mortel, et à s'élever jusqu'au ciel, que ses œuvres lui avaient mérité.

(A. LANGLOIS. Monum. littéraires de l'Inde, p. 81).

taire à propos ; et je vous danserai un tendack aussi bien que la plus vive et la plus infatigable de vos bedoïos (1), jusqu'à ce que le souffle me manque, jusqu'à ce que mes flancs se touchent ! et cela en agitant le bouclier long du bras gauche, et le kriss de la main droite ;... car je suis né pour la danse et pour le combat, et vous pouvez faire de moi un bouffon pour vos fêtes, ou un soldat pour vos milices. Choisissez.

L'empereur fut charmé de rencontrer tant de talens et surtout tant de gaîté dans ce jeune garçon ; et, se tournant vers son raden-adipati (premier ministre), il ordonna que Biadjou fût non-seulement délivré de ses liens, mais encore gratifié d'une forte somme.

— Ce n'est pas tout, ajouta-t-il. Tu viendras dès ce soir au palais impérial, et l'on te montrera mes jardins, dont tu seras le premier inspecteur. Seulement présente-toi dans un costume approprié à ton nouveau rang. Je t'ai fait remettre pour cela ce qu'il faut. Adieu.

Biadjou porta respectueusement à son front sa main pleine d'or, et se prosterna jusqu'à terre.

Mais les conseils et l'exemple de ses compagnons de route avaient porté leurs fruits empoisonnés. Le malheureux orphelin se revêtit à la hâte d'un grossier sarong et d'un sabouk d'indienne, et courut rejoindre ceux-là mêmes qui l'avaient si indignement dépouillé.

Cette fois ils firent plus que le voler ; ils l'asso-

---

(1) Bayadères.

cièrent à leur dépravations : ils l'enivrèrent. Le soir venu, Biadjou ne se présenta pas au palais.

Quand il se réveilla, l'épouvante le saisit. Il se rappela les paroles que lui avait adressées l'empereur, cette place d'inspecteur des jardins qui lui avait été offerte ; et, se persuadant qu'il était trop tard pour se présenter au palais, il voulut au moins se distraire de son repentir, et il s'enivra de nouveau.

C'est ainsi que plusieurs jours se passèrent ; chaque jour amenant avec soi son regret au réveil, puis son remords, puis sa débauche et son oubli.

La perversité fit des progrès rapides dans cette âme qu'aucun principe de vertu ne soutenait.

Vint un moment où la bourse et le cœur demeurèrent à sec. Biadjou se vit seul et abandonné comme la première fois.

Seulement il avait conservé son sabouk d'indienne et son sarong de coton.

Il s'arma d'un dernier effort de courage et alla se présenter aux portes du palais.

— Qui êtes-vous ? lui demanda-t-on.

— Je suis, répondit Biadjou, dont l'assurance était bien diminuée, je suis l'homme que l'empereur a nommé l'autre jour inspecteur de ses jardins...

— Toi, fils d'esclave ! toi, mendiant ! tu te dis officier du palais ? et tu te montres en cet équipage ? Allons donc ! tu n'es pas digne de servir les chiens.

— Mais l'empereur m'a dit...

Le gardien du palais l'interrompit en lui fermant la porte au nez.

Dès ce moment commença pour l'infortuné Biadjou une vie nomade, sans soutien, sans but; une existence au jour le jour, toute de mensonges et d'expédiens. Tantôt il se mettait au service de ces entrepreneurs de marionnettes qui offraient aux groupes de curieux le classique spectacle appelé vayang; tantôt il contrefaisait l'idiot, et, accompagné d'un chien et d'un singe, il excitait par ses bouffonneries les rires de la populace. Il se couvrait d'une peau de bête, et se livrait, sous ce costume, à la pantomime la plus extravagante. Dans ses meilleurs momens, il se mettait aux gages de quelque jardinier, et labourait la terre ou greffait les arbres; mais, las bientôt de cet honnête travail, il retournait à l'oisiveté et aux pernicieuses habitudes qu'elle engendre. Il en vint à considérer le bien d'autrui comme le sien propre, et à commettre des larcins pour jouer. C'est ainsi qu'apercevant un jour un batelier chinois qui descendait la rivière Solo dans une pirogue, il lui demanda passage, et l'endormit ensuite en lui faisant manger des viandes mêlées de datoura (1), pour s'approprier son canot. Le Chinois, profondément assoupi, fut transporté à terre, et la pirogue reprit le large, emportant son nouveau maître, qui exerça pendant quelque temps la profession de batelier. Il se servit comme on sait de cette barque pour passer Djelma et Anderson, au torrent d'Endraddi, et leur dérober leurs chevaux. Nous ne citons que ces dernières circonstances, lesquelles

---

(1) Plante narcotique.

suffisent amplement pour donner au lecteur une idée assez nette du personnage en question.

La maison de prêt de Dennigral était fréquemment visitée par Biadjou, qui s'en retournait toujours avec quelques pièces d'or, arrachées aux mains sordides de la vieille Lavanyâti.

Le jour où il s'en alla, tournant et retournant les vingt mas d'or qu'il venait de recevoir de la prêteuse, en échange des deux chevaux, il fit la rencontre d'un porte-faix malai, chargé d'une lourde caisse à l'adresse du gouverneur.

— Que contient ce coffre? demanda Biadjou à cet homme, qu'il connaissait.

— Des armes, répondit le porteur. C'est le commandant du fort qui les envoie au gouverneur, en cas de révolte...

— En cas de révolte?

— Oui: les gens du dalam (1) ne sont armés que de mauvaises piques; et le commandant leur envoie des armes à feu. Cette nuit, il leur enverra des chevaux...

— Pourquoi des chevaux?

— Parce qu'on en manque au palais... Le gouverneur lui-même est sans monture. Si tu connais quelque part deux beaux chevaux à lui procurer, tu lui feras plaisir : c'est l'occasion de gagner une bonne somme.

Biadjou devint rêveur.

— Deux chevaux, répéta-t-il. Et sais-tu combien il mettrait à cette acquisition?

---

(1) On donne ce nom à la partie intérieure du palais ou kratton.

— L'amiral est généreux, et surtout il est pressé : s'il avait ces deux chevaux ce soir, il serait homme à les payer cinquante mas pièce.

— Cela ferait cent mas pour les deux!! fit Biadjou, dont les yeux s'allumaient du feu de la convoitise... quatre-vingts mas de plus que la vieille Lavanyâti...

— Que dis-tu là ?

— Rien... Je pensais à ton amiral, qui est si pressé... Et pourquoi donc est-il pressé ?...

— Tu es trop bavard pour que je te le dise.

— Dépose là ta caisse, et viens boire une tasse de brom.

— Je ne peux pas m'arrêter.

— Viens toujours.

Biadjou fit briller une pièce d'or aux yeux du Malai, qui n'ajouta pas un mot et le suivit sans plus de difficulté.

Quelques instans après, la langue du porte-faix, quoique un peu épaissie par le spiritueux breuvage, se dénouait avec complaisance, et Biadjou apprenait enfin le secret de cette hâte extrême qu'avait le gouverneur de s'équiper et de s'armer.

Ce secret, c'était la mort imminente de l'empereur, qui ne devait pas, disait-on, passer la nuit.

— Voilà pourquoi le gouverneur veut être prêt à monter à cheval demain matin.

Biadjou apprécia la situation d'un coup d'œil, et quittant aussitôt le porte-faix, il revint en toute hâte à la maison de Dennigral.

— Je vous rapporte vos vingt mas, dit-il à Lavanyâti ; rendez-moi mes chevaux.

Lavanyâti, sans répondre, regarda fixement Biadjou. Elle croyait rêver.

Mais quand celui-ci, impatienté de ce silence, eut répété sa phrase, en l'appuyant de l'offre réelle des vingt pièces d'or:

— Que veut ce maudit? s'écria-t-elle d'une voix glapissante. Te rendre tes chevaux? Mais, drôle, ne sont-ils pas à moi? Ne te les ai-je pas achetés?...

— Non : c'est en gage que vous les avez acceptés tantôt : je vous rapporte le montant du prêt ; rendez-moi le gage.

— Effronté menteur! je te dis qu'ils sont à moi, que tu me les as vendus...

— Ecoutez donc, Lavanyâti...

— Je n'écoute rien... Je ne prête pas, moi! j'achète. J'ai acheté ton dromadaire, tes douze pièces d'étoffes; j'ai acheté les trois colliers, j'ai acheté les deux chevaux... Je ne rendrai rien...

— Mais...

— Mais... mais!.. Je me soucie bien de tes vingt pièces d'or! Il s'agit bien de vingt pièces d'or! Me crois-tu folle? Est-ce que ces chevaux ne valent pas quatre fois, six fois davantage?...

— Ah! vous en convenez...

— Certainement. De superbes chevaux! et je suis sûre que Dennigral ne les laissera pas aller pour huit cents piastres...

— En ce cas vous êtes...

— En ce cas tu es un sot. Peux-tu me donner huit cents piastres, toi? Non, n'est-ce pas?... Eh bien! laisse-nous, mendiant ; et va acheter un âne.

Biadjou vit bien que tous ses efforts seraient perdus, et que la vieille était inexorable.

Et puis une réflexion tardive lui vint : c'est qu'à supposer même que Lavanyâti se laissât attendrir, il faudrait lui rembourser non-seulement la somme prêtée, mais encore les intérêts de cette somme et les frais de nourriture des chevaux.

En langage d'usure, cela était effrayant.

Biadjou accepta sa sentence, baissa la tête et tourna les talons.

Lorsque la nuit fut venue, il se munit d'un croc, d'un levier et d'une tarière, et alla rôder autour de la maison de prêt.

X

COMMENT BIADJOU, AU LIEU DE DEUX CHEVAUX QU'IL CHERCHAIT, TROUVA DEUX HOMMES QU'IL NE CHERCHAIT PAS.

C'était une nuit sans lune, et les abords de la maison de Dennigral étaient ensevelis dans les ténèbres les plus profondes.

Un homme dont les yeux étincelaient dans l'ombre, et qui s'enveloppait mystérieusement d'un manteau de couleur brune, après avoir stationné quelque temps devant la pauvre façade de cette maison, tourna par une ruelle adjacente et longea la ligne de hautes murailles qui dessinait les limites des cours, des magasins et des jardins où nous avons déjà promené le lecteur. L'obscurité de la nuit s'augmentait encore de l'ombre projetée par ces murs noircis, et le nocturne rôdeur avait peine à se diriger sur un sol inégal, montueux, raviné, encombré de pierres roulantes, obstrué de buissons épineux. A défaut du témoignage de ses yeux, cet homme paraissait avoir, pour se guider, une parfaite connaissance des localités; et, de temps en temps, il prêtait l'oreille à je ne sais quel bruit sourd, perceptible pour lui seul, et qui venait apparemment de l'intérieur. Une fois il s'arrêta, écouta plus attentivement, et sonda la muraille, qui rendit un son mat sous le marteau. Cette découverte ne l'ayant pas satisfait, il reprit sa marche d'un air mécontent.

— J'ai pourtant entendu hennir, grommelait-il tout bas. Les écuries ne doivent pas être loin!

Puis il leva les yeux; et, ne voyant nulle étoile au ciel :

— Bien, dit-il; très-bien. La nuit est une tendre mère; elle couvre complaisamment de son manteau ceux de ses enfans qui risquent leur peau dans de périlleuses entreprises. Assurons-nous d'abord des moyens d'exécution... Le levier... le croc... la tarière, le marteau... Et (chose plus indispensable encore) cette poignée de terre, ramassée dans une fosse nouvellement creusée, et qui, jetée au seuil d'une maison, plonge bêtes et gens dans un sommeil léthargique. — Il faut avouer que je joue là une étrange partie, dont le gain est fondé sur le sommeil d'autrui! si ce n'est pas de l'héroïsme, c'est au moins de la témérité.

Tandis que Biadjou faisait ainsi l'apologie anticipée de la détestable action qu'il allait commettre, une voix secrète parlait en lui, et lui reprochait sa déloyauté. Il se crut obligé de répondre à cette voix de la conscience émue; et, tout en tâtant le mur pour se guider :

— Je n'en veux, dit-il, qu'aux écuries; c'est là que sont mes deux chevaux; et, une fois remis en selle, je détale sans rien emporter. Cette vieille Lavanyâti, qui m'a refusé la restitution, sera responsable de mon larcin.

Mais où ferai-je la brèche? Quelle partie de cette muraille est plus affaiblie par l'humidité récente? Où est-il probable que les morceaux, en tombant, ne feront aucun bruit? où est-il possible de pratiquer une ouverture selon les règles? De quel côté rencontrerai-je des briques vieilles et fendillées, que puisse broyer un seul coup de marteau?...

Il y eut un moment de silence consacré à l'exploration dont parlait Biadjou. Tout-à-coup il s'arrêta avec un grand soupir de satisfaction : il avait trouvé ce qu'il cherchait.

— Bon, reprit-il, me voici sur la voie. Le mur sonne creux; le plâtre tombe de lui-même sous le doigt qui l'égratigne. Voici des couches de salpêtre, et Aswatthama (1) me protège : un rat industrieux m'a frayé le chemin. Le succès est sûr;

---

(1) Aswatthama est un sage et un guerrier qui paraît dans la grande épopée indienne appelée le Mahâbhârata, du poète Vyâsa.

je n'ai qu'à sonder la profondeur de ce trou avec ma tarière... Trop court, ma foi : trop court ! Et maintenant comment procèderai-je ? Le dieu à la lance dorée, Cartikéya, enseigne quatre manières de faire une brèche dans un mur; savoir : détacher les briques cuites; couper celles qui ne le sont pas; jeter de l'eau sur un mur en terre, afin de l'attendrir; appliquer la tarière sur un mur en bois afin de le percer. Ce mur est en briques cuites : donc il convient de les desceller... Mais comment faire ? La tâche n'est pas aisée; et puis, je suis trop bon ouvrier pour gâter l'ouvrage. Il faut faire là une brèche monumentale ! quelque chose dont puissent s'ébahir les curieux, une trouée à faire envie aux gens ! Il faut que demain Lavanyâti elle-même puisse dire : C'est un larron assurément, mais ce n'est pas un maladroit.

Biadjou se frotta les mains et rêva un instant.

— La brèche sera-t-elle longue ou large, ronde ou carrée ? aura-t-elle la forme de la lune ou du croissant ? La forme ronde fait bien dans un mur de brique; et puis c'est plus difficile : cela fait honneur. Va pour la forme ronde !...

Biadjou se mit à l'œuvre.

— Honneur, disait-il tout en travaillant, honneur au grand Cartikéya, auteur de tout bien ! Honneur au dieu à la lance dorée ! à Brahmanya, céleste champion des immortels et fils du feu ! Honneur à Yogatcharya, dont je suis le premier élève, et qui, enchanté de son écolier, m'a donné un onguent magique dont il suffit de me frotter pour me rendre invisible et invulnérable ! J'ai malheureusement oublié ce précieux baume;

ce qui fait que le premier manant qui passe est en droit de me voir et de me tuer. Une autre fois, mon garçon, tu auras soin d'emporter l'onguent.

Biadjou s'escrimait de son mieux tout en parlant, et s'animait à la besogne en se chantonnant à lui-même quelques refrains, quelques bribes éparses de vieux airs oubliés, quelques fragmens de vieux poèmes populaires. Sa gaîté, comme on le voit, ne l'abandonnait dans aucune circonstance. Et peut-être aussi ne chantait-il de la sorte qu'afin de faire taire cette voix dont nous parlions tout à l'heure, cette voix obstinée de la conscience, qui murmurait en lui.

Une brique tomba, puis deux, puis plusieurs à la fois. Et à mesure que le trou s'élargissait, la gaîté de Biadjou diminuait. Il semblait effrayé du succès de son œuvre. Le levier hésita une fois dans ses mains; et peut-être le pauvre diable, saisi d'un salutaire repentir, eût-il tout abandonné, si à cet instant les chevaux ne se fussent mis à hennir. Retrouvant à ce bruit toute son assurance, notre homme se remit au travail avec une nouvelle vigueur.

Le trou s'agrandit rapidement. La dernière brique fut enlevée; mais le mur n'était pas encore à jour. Un dernier revêtement de plâtre restait à faire sauter pour que la brèche fût complètement accessible. Biadjou se disposa à porter le premier coup.

Mais, en ce moment, il entendit parler de l'autre côté du mur : les briques enlevées rendaient cette voix très-distincte.

Il récusa néanmoins le témoignage de ses oreilles, et ricana bruyamment pour s'exciter.

11

— Bah ! bah ! dit-il, je n'ai rien entendu ; c'est quelque malin esprit qui chuchotte dans l'ombre. Et si c'était quelqu'un, au fait ! Que ferai-je ? Resterai-je là comme un poteau ? Non, certes ! Et Biadjou-Poulo est homme à se défendre comme Skanda, le dieu de la guerre ! Ne suis-je pas un chat pour grimper, un cerf pour courir, un faucon pour happer ma proie, un serpent pour l'étreindre, un chien pour la mordre ? La mule a le pied sûr, moins que moi ; le cheval est dur à la fatigue, moins que moi ; l'iguane et le lézard sont agiles, le roc est solide et patient, le singe est rusé, moins que moi, dis-je ! Et s'il faut me tapir contre terre, je suis le lièvre ; s'il faut bondir, je suis le tigre ; s'il faut rugir, je suis le lion !

S'étourdissant et se flattant ainsi, Biadjou frappa de son levier contre la faible muraille qui, cédant à ce dernier choc, démasqua l'intérieur d'une chambre au milieu de laquelle étaient une table, une lampe allumée et un homme à genoux, qui priait.

Cette chambre dépendait du pavillon où l'enfant avait conduit les étrangers, d'après les instructions de Lavanyâti.

Cet homme agenouillé, c'était Anderson.

Biadjou reconnut tout de suite Anderson pour l'un des voyageurs qu'il avait passés au torrent d'Endraddi, et auxquels il avait dérobé leurs chevaux ; ces mêmes chevaux qu'il avait ensuite ou vendus ou engagés dans la maison de prêt, et qu'il venait maintenant reprendre à main armée, dans cette même maison, nuitamment, illicitement, au moyen d'une brèche faite dans un mur, pour aller les vendre une seconde fois au gouverneur hollandais, lequel, on s'en souvient, avait fait mettre à prix la tête de Djelma-Bessar, compagnon du pieux missionnaire.

Anderson, interrompu au milieu de sa prière par l'arrivée subite du larron, leva la tête, et porta rapidement le doigt à ses lèvres.

— Qui que tu sois, mon ami, dit-il à Biadjou, et si damnables que soient les intentions qui t'amènent, fais moins de bruit, si tu tiens à ne pas réveiller un homme moins patient que moi, et dont le réveil pourrait te chagriner.

Biadjou regarda fixement Anderson, et se sentit subjugué par l'autorité de ce calme et de ce sang-froid dans un vieillard sans défense, qui n'avait manifesté en le voyant ni crainte ni surprise. Il voulut s'avancer vers lui, et ne put faire un pas.

— Frappez, et il vous sera ouvert, continua Anderson. Je t'ai entendu frapper à ce mur, mon bon ami, et je t'ai laissé entrer. Que veux-tu maintenant? que demandes-tu? Parle : que puis-je faire pour toi ?

Biadjou ne répondit pas.

Anderson reprit:

— Tu attends quelque chose de moi, je le vois bien : tu attends un bon conseil, n'est-ce pas? et je vais te le donner. Approche, mon garçon, et regarde-moi en face. Je suis l'homme à qui tu as dérobé l'autre jour sa monture. Mon compagnon, qui dort dans la chambre voisine, te reconnaîtrait aussi, lui, s'il se réveillait. Ne tremble pas ainsi : la Providence, en l'endormant d'un sommeil si profond, a voulu te sauver. Remercie le ciel de n'avoir rencontré ici que moi : Djelma-Bessar t'eût déjà poignardé, lui !

— Djelma-Bessar ! balbutia Biadjou avec étonnement.

— Encore une fois, poursuivit Anderson, au lieu du trésor que tu t'attendais à trouver dans cette chambre, tu vas recueillir un bon conseil, ce qui vaut mieux :

Biadjou-Praho ! renonce à cette vie coupable, à ces habitudes dépravées ! Sois honnête homme, ou redeviens-le, si tu l'as jamais été. Biadjou-Praho ! as-tu aimé ton père ?

— Je l'ai à peine connu, répondit Biadjou avec confusion.

— Personne ne t'a donc appris à aimer Dieu ?
— Personne.
— Pauvre créature ! Eh bien ! approche encore : plus près, donne-moi la main ; regarde-moi, réponds-moi. Etais-tu tranquille, tout-à-l'heure, lorsque tu descellais, à coups de levier, les pierres dont est construit ce mur ?

— Tranquille !... que voulez-vous dire ?
— Je te demande si tu ne sentais rien là, dans ton cœur ?

Anderson, joignant le geste au discours, mit la main sur le cœur de Biadjou : il battait avec force.

— Bien ! murmura le saint homme ; il a encore une conscience. Et sais-tu pourquoi ton cœur bat si vite ?

— Je ne le sais pas, seigneur.
— C'est la voix de Dieu qui te reproche ton action. Prouve ton repentir en avouant tout : Dieu

te pardonnera si tu mérites ton pardon. Qui t'amenait ici ?

— Le désir de reprendre mes chevaux, c'est-à-dire vos chevaux, qui sont dans cette maison.

— Tu connais donc cette maison ?

— Parfaitement : c'est celle de Dennigral, le marchand, qui fait tous les métiers, qui vend des nids d'hirondelles, prête sur gages, trafique, échange, revend, et s'enrichit de la ruine de chacun : ce qui ne l'empêche pas de rechercher les honneurs, dans ses momens perdus, et de commander les sécars (1), les schutterii et les pradjourits de l'empereur, envoyés à la poursuite du pauvre Trouna-Jaya.

— Dennigral ! Dennigral est le chef de la milice ? et nous sommes chez lui ?..

— Vous êtes dans sa maison... oui, seigneur.

Anderson joignit les mains d'un air consterné.

— Et maintenant, je devine tout, poursuivit Biadjou, dont la voix devint tout-à-coup plus nette et le regard plus assuré : la vieille Lavanyàti ne vous a reçu chez elle que pour vous livrer à son mari.

— Tu crois...

— J'en suis sûr. Dennigral a servi sous les ordres de Trouna-Jaya, avant de se faire pardonner sa rébellion à force de bassesses. Lavanyàti connaît de vue l'ancien chef de rebelles, et, en vous don-

---

(1) Djagangk-Sécars, corps de maréchaussée. On a déjà donnée l'explication du mot pradjourits. — Les schutterii sont les gardes urbaines.

nant l'hospitalité dans sa maison, je vous le répète, c'est une trahison qu'elle méditait.

— Mais qui te dit que le proscrit soit précisément ?...

— Qui me le dit ? Votre trouble, et ce nom de Djelma-Bessar, que vous venez de prononcer. Mais rassurez-vous : c'était en effet un bon conseil que vous me donniez tout à l'heure, et je ne l'ai pas si vite oublié. Vous me parliez de mon père... voulez-vous être mon père ?

— Oui, dit Anderson avec émotion.

— Hé bien ! à compter de cette heure, vous trouverez en moi le dévouement d'un fils. Ne craignez pas que je vous trahisse : il y a en effet quelque chose là !

Biadjou appuyait la main sur sa poitrine.

Il reprit avec plus de force :

— Vous trahir ! vous livrer ! suis-je donc un Dennigral pour cela ? Venez, éveillez votre compagnon qui dort, et fuyez tous les deux.

— Que dis-tu ?

— Je dis que cette brèche est faite non-seulement pour entrer, mais pour sortir. Hâtez-vous, car il me semble déjà entendre les pas éloignés de gens qui viennent à nous. Serait-ce la troupe de Dennigral ?..

Tous deux prêtèrent l'oreille : un bruit régulier de pas, accompagné de cliquetis d'armes, se faisait entendre effectivement dans le lointain.

Les conjectures de Biadjou étaient justes : Lavanyâti avait reconnu Djelma le proscrit, et la pensée lui était aussitôt venue de simplifier les recherches de son mari en accueillant le fugitif dans sa maison, afin de le livrer, dès le lendemain, aux soldats de l'empereur. Cet exécrable calcul, secondé par l'arrivée presque immédiate de Dennigral et de ses gens, fut heureusement déjoué par Biadjou, qui, en pratiquant la fameuse brèche, avait, sans le savoir, favorisé la fuite de Djelma et d'Anderson.

— Sortez ! répéta Biadjou ; je ne crains plus maintenant que votre compagnon s'éveille. Dites-lui de s'armer, et venez tous les deux.

Anderson se hâta d'éveiller Djelma, et l'avertit du danger qu'il courait.

Les préparatifs du proscrit furent bientôt terminés : en deux bonds il fut dehors ; Anderson le suivit.

Le jour allait paraitre.

Au moment où Biadjou, resté le dernier dans la chambre, se disposait à son tour à sauter dans la rue, une main crochue le saisit rudement par sa veste. Il se retourna : c'était Lavanyàti.

— Ah ! fils de gueux ! incorrigible garnement ! je te retrouve encore chez moi, et tu y entres par une telle porte ! Attends un instant ! tu vas être payé de cette action ! Tu seras traîné devant le djaksa et terriblement châtié, je t'en réponds !...

— Lâchez-moi, Lavanyàti ! disait Biadjou en se débattant.

— Que je te lâche, drôle ! Demande au jakal de lâcher l'os qu'il a aux dents ! Ah ! tu troues les murs ! dans quel dessein, je te prie ? N'était-ce pas pour voler ? Et où sont mes hôtes ? qu'as-tu fait de mes hôtes ?

En ce moment Dennigral et ses soldats arrivèrent.

On s'empara de Biadjou, qui fut garrotté et questionné.

— Où est le rebelle? demanda Dennigral.

— Tu as tort de parler ainsi de ton ancien chef.

— Le rebelle qui était ici....

— Tu vois bien qu'il n'y est plus.

— Il s'est évadé?

— Il est parti. Etait-il ton prisonnier ou ton hôte?

— Conduisez ce larron au juge.

— Fort bien. Je dirai que c'est toi qui as fait évader ton ancien chef; que tu es un ennemi de l'empereur et de l'amiral.

— Tu ne diras pas cela.

— Je le dirai! et je raconterai ensuite tes usures, tes vols....

— Oh! le malheureux!

— L'affaire du dromadaire, l'affaire des deux chevaux...

— Il le fera comme il le dit, l'infâme!

— Et nous verrons lequel de nous deux sera étranglé!

— Ce sera toi!

— Ce sera toi!

— Voyons : je te laisse aller si tu me dis quelle route il a prise.

— Qui? ton ancien chef?

— Le fugitif.

— Tu veux savoir de quel côté il a fui?

— Oui.

— Par quel chemin?

— Oui, dépêche-toi. A-t-il pris à gauche ou à droite?

— Je pencherais assez pour la droite, fit Biadjou après un moment d'hésitation.

Dennigral fit aussitôt signe aux gens qui l'accompagnaient.

— La gauche pourtant a bien son mérite, reprit Biadjou.

— Donc tu te moques de moi ?

— J'ai une conscience : c'est le vieillard qui l'a dit.

— Quel vieillard ?

— Le compagnon de ton ancien chef.

— Puisqu'il en est ainsi, tu vas aller devant le juge.

— C'est bien; emmenez-moi. Les gens que vous cherchiez sont loin maintenant.

On emmena Biadjou, qui paraissait complètement résigné à son sort, et qui, soit à dessein, soit machinalement, avait conservé cette poignée de terre dont il s'était muni, on se le rappelle, pour jeter un charme à la maison de Dennigral.

Au premier détour de rue, il se retourna brusquement, lança cette terre, ou plutôt ce sable fin, au visage de ses gardes, et profita de leur aveuglement momentané pour s'enfuir.

Les soldats se mirent en vain à sa poursuite : le prisonnier leur échappa ; toutes leurs recherches furent inutiles.

Biadjou, après bien des détours pour tromper les limiers de police, s'arrêta sur la grande place nommée Aloun-Aloun, qui s'étendait devant la façade principale du palais, et au centre de laquelle s'élevaient deux grands arbres qu'on appelait arbres impériaux ou arbres d'asile.

Depuis les âges les plus reculés de l'histoire de

11.

Java, ces arbres (qui sont ordinairement deux varinghins ou deux tamariniers) ont le double privilége d'indiquer la résidence souveraine, et d'offrir sous leur feuillage un asile inviolable à tout Javanais qui veut adresser des supplications à l'empereur.

C'est sous l'un de ces arbres que se réfugia Biadjou.

Mais au moment où il s'établissait de son mieux sur l'herbe, et paraissait le plus disposé à y goûter un repos réparateur des fatigues de la nuit, deux hommes, deux bûcherons s'approchèrent, portant chacun une cognée, et se mirent en devoir d'abattre l'arbre des supplians.

— Que faites-vous donc, mes amis? leur dit Biadjou-Praho alarmé. Etes-vous insensés? Ne reconnaissez-vous pas le lieu où nous sommes? N'est-ce pas ici l'Aloun-Aloun, et n'avez-vous pas devant les yeux le Brojo-Nolo (1) ?

Les bûcherons ne répondirent pas ; et, procédant à l'œuvre de destruction avec une sorte de gravité solennelle, ils assénèrent silencieusement leur premier coup de hache.

— Alors vous êtes sourds! s'écria le réfugié; mais cela ne peut se passer ainsi... Vous risquez votre peau à toucher l'écorce de ces arbres! Encore une fois, prenez-y garde.

Et, tout en parlant ainsi, Biadjou, persuadé qu'il avait affaire à des sourds, gesticulait pour se faire mieux comprendre.

---

(1) On donne ce nom à la principale entrée du palais.

Mais il eut beau s'évertuer, et prodiguer en cette circonstance toutes les ressources de la pantomime la plus expressive, les bûcherons impassibles n'en continuèrent pas moins à frapper à tour de bras.

Ils frappèrent si bien et si long-temps que l'arbre impérial, ébranlé jusque dans ses racines, chancela et s'abattit au milieu de la place avec fracas.

Biadjou, effrayé, se sauva sous le second arbre.

— Là, dit-il, je serai peut-être en sûreté.

Il se trompait : les bûcherons vinrent l'inquiéter sous le nouvel abri qu'il s'était choisi, et levèrent la cognée de plus belle.

— Que me veulent ces gens-là? fit Biadjou tout effaré. Suis-je donc un personnage si considérable et dont la prise soit si importante, qu'il faille couper les arbres impériaux pour m'ôter toute possibilité de retraite? Le crédit de Dennigral irait-il jusque-là?

Il se trompait encore : ces hommes, en abattant les arbres d'asile pour en construire un bûcher funéraire, ne faisaient qu'accomplir l'ordre qui venait de leur être donné, conformément à l'usage (aussi ancien que la dynastie de Matarem), qui voulait que ces arbres, plantés à la naissance de l'empereur ou le jour de son avénement au trône, fussent arrachés le jour de sa mort.

Or l'empereur Man-Koural venait de mourir la nuit précédente, et, par des raisons qu'il est facile d'apprécier, le gouverneur hollandais, désireux de n'exciter aucun désordre dans la ville, et de décourager toute révolte en la prévenant, avait donné les ordres les plus précis pour que le corps du défunt monarque, après avoir reçu les prières et les ablutions d'usage, fût immédiatement placé sur une litière et transporté à Migiri, lieu ordinaire des sépultures des princes de Matarem.

La chute des deux tamariniers fut saluée par un cri de deuil universel.

Anderson, en ce moment, venait d'arriver avec Djelma sur l'Aloun-Aloun, et s'acheminait vers la porte principale du palais.

Tout-à-coup cette porte s'ouvrit, et l'on en vit sortir une foule compacte et brillante.

C'était le cortége funèbre de l'empereur.

XI

LES OBSÈQUES.

Les enterremens ordinaires, à Java, se font avec décence, sans cris, sans bruit, sans ostentation. Si un individu meurt dans la nuit, on l'enterre le lendemain. S'il meurt dans le jour, on l'enterre avant le coucher du soleil, selon la coutume juive et musulmane. Rarement une pierre marque la place où le corps est déposé. On se borne à élever un peu la terre à cet endroit, et à clore ce tertre d'un entourage en bois. Telle est la sépulture la plus commune, la sépulture du peuple.

A la mort d'une personne riche et puissante, on observe un cérémonial plus pompeux. Tous les parens, hommes et femmes, se transportent au domicile du défunt, et y reçoivent quelques pièces d'argent. A chacun des prêtres on donne une piastre, une pièce d'étoffe et une petite natte. On lave le corps, on l'enveloppe d'une toile blanche, et on le dépose dans une bière couverte d'une toile peinte et de guirlandes de fleurs. On juge de la fortune du mort d'après le nombre de lances et de parasols qui suivent son convoi. Le cortége d'amis et de parens l'accompagne jusqu'à sa dernière demeure, et attend, pour se retirer, que la prière finale soit dite. Mais si les prières cessent sur la tombe, elles se prolongent quelquefois pendant plusieurs jours dans la maison du défunt. Les troisième, septième, quatorzième, centième et millième jours, des fêtes sont célébrées, appelées *sidikah*, et qui consistent en une espèce de service funèbre et commémoratif.

Si les funérailles du peuple ne durent qu'une heure, quelquefois moins; si celles du riche ou du noble durent une semaine, quelquefois plus; celles du prince, celles du souverain, durent ordinairement pendant plusieurs années; ou plutôt elles attendent, pour commencer, le complet achèvement d'une collecte destinée à faire face à toutes les dépenses.

A la mort de l'empereur Man-Koural, cette collecte ne fut pas ouverte, parce que la volonté du gouverneur hollandais s'y opposa formellement, on sait pour quels motifs. L'amiral Speelman ne voulut pas exposer la tranquillité de l'empire aux chances d'un ajournement d'obsèques aussi pro-

longé; époque d'interrègne dont quelques esprits remuans pouvaient profiter pour soulever le mécontentement du peuple. Brisant de sa pleine autorité le cérémonial usité, il fit tout ordonner pour un enterrement immédiat, après avoir préalablement concentré toutes ses forces dans le dalam ou palais, et distribué des armes et des munitions à ses troupes. Ces précautions prises, il fit prévenir l'héritier de la couronne, et eut avec lui une courte conférence dans laquelle il réussit (ce qui n'était pas difficile) à lui persuader que leurs intérêts, quoique divers en apparence, devaient se fondre dans une même politique. — « Vous n'ignorez pas,
» lui dit-il, que la persécution exercée pendant si
» longues années contre votre oncle, le pandjéran
» Ario, a excité en sa faveur la sympathie de beau-
» coup de Javanais; et que le mécontentement de
» ce parti n'attend qu'un prétexte pour éclater. Ne
» fournissons pas, croyez-moi, d'armes à la révolte,
» et gagnons-la de vitesse, afin de n'avoir pas plus
» tard à la combattre. Assurons, tout à la fois, la
» tranquillité de votre avénement et celle des pos-
» sessions hollandaises dans cette île toujours prête
» à s'insurger, et dont le sol est constamment livré
» à des secousses volcaniques. Votre douleur, bien
» légitime en un moment comme celui-ci, ne vous
» permettra pas de veiller aux apprêts de ces tristes
» funérailles : laissez-moi me charger de ce soin,
» et fiez-vous à ma prudence pour concilier le
» respect dû aux coutumes sacrées de ce peuple,
» avec la vigueur d'action que réclament votre in-
» térêt et le mien. »

Man-Koural-Mas (que, par abréviation, nous appellerons dorénavant Koural-Mas) ne balança pas à laisser agir le gouverneur en toute liberté. Outre les motifs que lui avait donnés Speelman, il en existait un autre, que la politesse de l'amiral avait passé, il est vrai, sous silence, mais dont la réalité ne pouvait être mise en doute. Si l'exilé Ario était aimé à cause même de son exil, Koural-Mas, en revanche, était universellement haï; et cette haine, quoiqu'il fût jeune encore, datait déjà de loin : il la devait à la grossière indépendance de ses mœurs brutales, à l'emportement habituel de son caractère, empreint de férocité, à l'insolent orgueil qu'il déployait dans ses moindres démarches, dans ses moindres paroles. On se souvient de sa rencontre avec Djelma-Bessar, au milieu des bois : cette seule circonstance suffirait pour donner au lecteur une juste idée de l'héritier impérial. L'insulte brillait dans son regard; le sarcasme ricanait sur ses lèvres quand l'expression de la colère ne les contractait pas. On citait mainte aventure terrible où son nom se trouvait mêlé; on citait nombre de victimes, depuis les rangs les plus obscurs jusqu'à ceux de la noblesse, qui étaient tombées sous son poignard. Ces crimes avaient échappé aux lois, mais leur souvenir était demeuré dans la mémoire indignée du peuple; et il était à craindre que le peuple ne les rejetât à la face de Koural-Mas le jour de son avènement.

Tout entier à ses appréhensions, l'héritier impérial s'était confiné dans le palais durant toute la maladie de son père, et n'avait cessé d'épier les progrès de son agonie. Il redoutait qu'un remords soudain ne s'emparât du mourant au souvenir de ses anciennes rigueurs, et que, dans un de ces moments où l'âme repentante a besoin de pardon, l'empereur ne rappelât de l'exil le pandjéran Ario. Cette réconciliation au lit de mort eût été la ruine des espérances de Koural-Mas, et il importait à celui-ci de l'empêcher.

Personne ne pouvait donc arriver jusqu'au lit de douleur où agonisait l'empereur; car, dans tout survenant, Koural-Mas croyait voir paraître un envoyé d'Ario. L'impitoyable fils fit garder avec soin toutes les issues du palais et jusqu'à la porte de la chambre paternelle; et n'admit auprès du mourant que le gouverneur et un autre officier hollandais nommé Knol.

C'est dans cet isolement que le malheureux monarque expira.

A la nouvelle de cette mort, tous les serviteurs qui se trouvaient dans le dalam se rasèrent la tête en signe de deuil. Le palais retentit de cris et de gémissemens. On se tordait les bras, on se frappait la poitrine. Les prières commencèrent.

Lorsque Speelman eut conféré avec Koural-Mas, ainsi que nous l'avons dit, et que tous deux furent d'accord sur la nécessité de hâter autant que possible la cérémonie des obsèques, on soumit le corps aux ablutions d'usage, et on le revêtit de ses habits les plus magnifiques. Il fut couvert de colliers, de chaînes et de plaques d'or, et déposé sur une table de parade, tandis que des serviteurs, en grand nombre, et se lamentant à grand bruit, se rendaient dans la forêt voisine pour y couper un gros tronc d'arbre, dans lequel devait être creusé le cercueil.

Le corps de l'empereur fut placé avec tous ses joyaux dans la cavité de l'arbre, et recouvert d'un manteau d'étoffe d'or. Puis on l'éleva sur un haut sarcophage que les plus nobles parmi les officiers du palais devaient porter sur leurs épaules. Ces préparatifs achevés, on abattit des pans de murailles dans les cours intérieures, à la droite de chaque porte, pour laisser passer le cortége, et cela dans la crainte du malin esprit, qui se place toujours (disent les crédules Javanais) dans l'endroit par lequel un mort vient de sortir. Il fallut toute l'autorité de Speelman pour empêcher qu'une brèche semblable fût pratiquée à côté de la porte extérieure.

Peu d'instans avant le commencement de la cérémonie, deux hommes, armés de haches, furent envoyés pour abattre, au milieu de la grande place, les deux arbres impériaux, symboles de la vie et de la puissance du Sultan.

La chute de ces arbres devait être le signal du départ. On sait que, dès qu'ils furent tombés, la porte s'ouvrit. Le cortége aussitôt se mit en marche.

On vit d'abord paraître l'amiral Speelman, à cheval, à la tête de son nombreux état-major d'officiers hollandais. A sa suite venait un détachement de soldats bien armés, commandés par Knol, et soutenus de quelques cavaliers, caracolant sur les flancs pour élargir et faciliter le passage.

Sous la protection de l'avant-garde européenne, s'avançait un rassemblement de soldats indigènes armés de piques et assez pauvrement accoutrés. C'était un échantillon de la milice javanaise; c'étaient les pradjourits et leur digne commandant, l'honnête Dennigral.

Puis on vit déboucher de la porte le groupe des fonctionnaires civils : les toumougongs, andjibaïs et montris, les gouverneurs des districts et cantons voisins; derrière ceux-ci, les bapatis ou gouverneurs de province; et enfin le râden-adipati, ou premier ministre.

Le rang de tous ces personnages se reconnaissait à la manière dont ils portaient le kriss, et surtout aux diverses couleurs de leurs parasols. Ainsi les payongs (parasols) des gouverneurs de provinces et de districts étaient verts, avec des bords et une monture dorés; ceux des andjibaïs, montris, rouggas, et autres officiers inférieurs, étaient bleus.

Le panghoulou-mas, ou grand-prêtre, parut ensuite, à la tête des imans récitant des prières. On a vu, dans les précédens chapitres, que la religion des Javanais était un composé assez hétérogène du culte primitif et de celui de la conquête, un amalgame assez bizarre des traditions brahmaniques et des croyances musulmanes. Partout, et en toutes circonstances, on voyait percer le sectateur indien sous le mahométan de nouvelle date. Le vieux bouddhisme avait laissé au sol de profondes racines qui jetaient encore çà et là des pousses vigoureuses à travers la couche d'islamisme dont on avait entrepris de l'étouffer. Les imans, comprenant cette disposition naturelle des esprits, n'avaient garde de heurter de front les susceptibilités de la foule; ils adoucissaient bénévolement leurs pratiques les plus sévères, et associaient les rites des deux religions opposées dans une même cérémonie. Ainsi, outre les deux grandes fêtes prescrites par le Koran, ils en célébraient une troisième en l'honneur des ancêtres de Java : fête aborigène qui s'était combinée dans leur rituel avec la grande fête de la naissance de Mahomet.

Ainsi, aux obsèques que nous décrivons, les imans portaient en grande pompe, et avec les démonstrations du plus grand respect, les figures dorées d'un serpent ou *naga*, d'une oie et d'un troisième animal sacré ressemblant à un daim :.... toutes figures symboliques, d'origine évidemment brahmanique, et par conséquent en désaccord avec la religion imposée par la conquête.

Derrière les prêtres s'avançait une double rangée de jeunes filles portant des branches de palmiers, et des touffes de feuillages sombres, où l'on reconnaissait le soulassi, le kamboja funèbre aux calices blancs et jaunes, et le sounda-maloune, l'arbre triste, qui ne fleurit que la nuit. Ces jeunes filles étaient vêtues de longues robes vertes retenues par des ceintures d'or. Des diamans et des émeraudes brillaient à leurs doigts, à leurs oreilles, à leurs cous et jusque dans leurs cheveux que rattachait une massive épingle d'or et de rubis. Des fleurs complétaient leur parure, et répandaient autour d'elles comme un nuage de parfums.

Lorsque les soldats, les nobles, les prêtres et les jeunes filles furent passés, on vit apparaître le badi, ou catafalque, de forme pyramidale, sur lequel était placé le corps de l'empereur. Les plus hauts dignitaires, les pandjérans (1) de l'empire, tout ce qu'il y avait de plus rapproché du trône

---

(1) Ce mot signifie prince titulaire, et diffère entièrement de celui de pangérang ou plutôt pengiring, qui est le titre de tout invidu appartenant au cortége d'un prince.

(Major Stuers. Hist. des guerres de Java.)

s'était offert à porter le défunt monarque à sa demeure dernière. Chaque pandjéran, revêtu du costume de cour, avait à son côté un esclave porteur du parasol blanc, emblême de sa distinction.

Cette noblesse dorée s'avançait au milieu de la confuse harmonie des luths, des rebecs à deux cordes, des gongs plaintifs et des tambours retentissans.

En avant du pavois funèbre marchait l'héritier impérial.

Quiconque eût observé avec soin la contenance de Koural-Mas, eût deviné sa convoitise impie à travers le masque de douleur qui couvrait son visage. Il baissait les yeux et courbait la tête, et feignait d'essuyer quelques larmes à ses paupières arides. Mais, en dépit de lui-même et malgré tous ses efforts, l'orgueilleuse nature du maudit se révélait par momens. Il jetait à la dérobée des regards furtifs sur le kriss héréditaire (poussaka-kriss) et sur la couronne de Madjapahit, ces deux joyaux souverains, placés sur un coussin écarlate au chevet de la civière impériale. Il marchait agité d'une joie inquiète qui se trahissait à chaque geste, à chaque pas : redoutant et appelant de tous ses vœux le moment qui devait le couronner, impatient de tant de retards, et dévorant en espoir sa grandeur prochaine.

Lorsque le corps de l'empereur eut dépassé les dernières barrières du palais, le cortége s'arrêta, la musique se tut; et une voix, celle d'un guerrier, prononça distinctement ces paroles lentes et solennelles :

> Celui dont nous portons le corps, c'était naguère
> Man-Koural, empereur, redoutable à la guerre;
> Celui de qui la mort n'osait pas approcher!
> Nos mains vont le livrer aux flammes du bûcher...
> Adieu !...

Ce dernier mot, adieu, fut répété par tout le cortége, qui reprit aussitôt sa marche au son des instrumens.

La grande place du Palais s'était couverte en un instant d'une foule immense.

Le catafalque s'arrêta de nouveau, et avec lui tout le cortége. On fit silence, et une jeune fille, de celles-là qui portaient des touffes de fleurs funèbres, et des rameaux verts, se retourna et parla ainsi :

> Celui dont nous portons le corps, baigné de larmes,
> C'était notre empereur, c'était Koural Premier !
> Maintenant la liane est veuve du palmier...
> Nous pleurerons long-temps....
> Adieu !...

Adieu ! répétèrent toutes les voix de la foule, et le cortége se remit en mouvement.

Après quelques pas, nouvelle pause. Cette fois ce fut un noble qui jeta son adieu aux dépouilles mortelles de l'empereur :

> Celui que nous portons en sa sombre demeure,
> C'était notre empereur, maître aux regards sereins,
> Qui dépassait du front les autres souverains !
> De son trône élevé la Mort le fait descendre,
> Et l'urne des tombeaux va renfermer sa cendre ;
> Adieu !...

La clameur fut répétée pour la troisième fois, et pour la troisième fois le cortége reprit sa marche, et la musique recommença ses plaintes lugubres.

Ils défilèrent ainsi pendant quelques minutes, en se dirigeant vers le centre de la place, où avaient été construits à la hâte deux petits bûchers, débris des arbres impériaux.

Dans l'intervalle resté libre entre ces deux bûchers, et précisément sur le passage du cortége, était agenouillée une jeune fille.

— Retirez-vous! lui dit Speelman; vous voyez bien que le convoi va passer ici.

La jeune fille montra à l'amiral un visage baigné de larmes, et lui demanda la permission de ne pas s'éloigner.

— Au moins, rangez-vous un peu de côté, reprit Speelman, ému de la douleur de cette enfant.

Et se baissant jusqu'à elle, il la prit doucement par le bras, et lui indiqua l'un des deux bûchers.

La jeune fille recula docilement de quelques pas, dans cette direction, et reprit sa première attitude.

En ce moment, le cortége fit une quatrième pause, et le grand-prêtre, étendant le bras vers le corps du monarque, prononça à son tour ces mots :

« Celui dont la paupière est à jamais fermée,
» Fut chef de la Prière, et fut chef de l'Armée.
» Son front resplendissait comme le front de Dieu !
» Adieu, maître! adieu, roi! jusqu'à la mort, adieu !

Le grand-prêtre continua de marcher après avoir salué le cadavre; et toute la foule le suivit.

Mais presque aussitôt un grand cri retentit dans la place. La jeune fille, en voyant s'approcher le catafalque, n'avait pu maîtriser son émotion, et s'était précipitée, les bras étendus, au-devant des porteurs...

— Mon oncle! cria-t-elle d'une voix déchirante.

Et elle tomba presque inanimée à la vue de tous ces nobles, du grand-prêtre et de l'héritier impérial.

La cérémonie des obsèques fut interrompue.

Un grand vide se forma autour de la jeune fille évanouie. De sourdes clameurs s'élevèrent. On entendait circuler de bouche en bouche les mots de sacrilège! de profanation! « Saisissez-la! » hurlèrent quelques voix furieuses...

Mais Koural-Mas fit taire ces rumeurs, d'un geste hautain, et s'approchant de la jeune fille, qui commençait à reprendre ses sens :

— Qui es-tu? lui demanda-t-il...

Un regard d'effroi fut la seule réponse qu'il obtint.

— Qui es-tu? répéta Koural-Mas en lui tendant la main pour la relever.

Cette fois la jeune inconnue balbutia quelques mots entrecoupés... inintelligibles...

Koural-Mas fit un mouvement d'impatience.

— Oh! s'écria-t-elle, épargnez-moi!...

— T'épargner! tu es donc coupable?...

— Non... je le jure!...

— Et cependant tu demandes grâce.

— Pas pour moi..,

— Pour qui donc?...

— Oh! votre visage est terrible!...

— Allons, parle, dit Koural-Mas, se radoucissant.

— Vous serez miséricordieux!...

— Je veux l'être.

— Je vous adjure, Koural-Mas! vous et ce cadavre aussi (elle étendit la main vers le catafalque); j'adjure ce pâle empereur que j'arrête sur le chemin de sa tombe!... Par le règne de celui qui finit, par le vôtre qui commence, ne me refusez pas, seigneur!

— Achève, dit Koural-Mas... Quel est ton nom?

— Je suis la fille du pandjéran Ario; je suis la nièce du défunt empereur...

— Apsara! s'écria Koural-Mas...

— La fille du proscrit, qui vous demande à genoux le pardon de son père exilé depuis trente-deux ans!

Il se fit un long silence de surprise dans toute cette foule. Chacun regardait, sans oser ajouter foi au témoignage de ses yeux, l'admirable jeune fille qui, seule, sans défense, sans soutien, sans guide, au péril de sa vie plusieurs fois exposée dans un si périlleux voyage, était venue de Samarang à Sourakarta, pour demander à l'empereur la grâce de son père, et il faut bien ajouter aussi celle de son frère, celle de Djelma-Bessar, condamné à mort comme chef de rebelles, et dont la tête, mise à prix, appartenait au premier bourreau venu.

Oui, tandis que Djelma, oubliant son propre danger, entrait à Sourakarta par une porte, afin de ne pas quitter le pieux missionnaire qui allait

12

porter au chevet de l'empereur mourant des paroles de clémence et de pardon, la jeune fille, plus courageuse encore, arrivait sous ces mêmes remparts, fatiguée, exténuée de la route, expirante, les pieds meurtris, se traînant à peine, et retrouvant néanmoins des forces pour accomplir jusqu'au bout son pélerinage doublement saint : son pélerinage filial et fraternel. On se rappelle cette larme de tendresse qu'elle avait laissée tomber un soir sur la main de Djelma. Depuis cette larme versée, un pacte de dévouement avait commencé à lier ces deux âmes. Le frère et la sœur s'étaient compris sans se parler, et tous deux se sentaient naturellement portés à se chercher et à se secourir. C'est ainsi que, partie de Samarang, à l'insu d'Ario, dont elle redoutait les larmes, elle arriva dans la ville impériale presque en même temps que son frère; c'est ainsi qu'elle parut sur la place du palais, quelques minutes avant qu'Anderson y parût lui-même. Le saint missionnaire et la pieuse fille étaient conduits là par la même pensée. L'un et l'autre venaient implorer la clémence de l'empereur malade : mais tous deux avaient été gagnés de vitesse, tous deux furent devancés par la mort.

— Apsara!... répétèrent plusieurs voix.

— Est-ce possible ? reprit Koural-Mas...

Oui, ajouta-t-il après un silence... A travers ses larmes je la reconnais!... oui, c'est elle!... c'est Apsara, la fille d'Ario, l'exilé! Et tu venais implorer pour lui le pardon de mon père?... Regarde, jeune fille : tu es venue trop tard.

— Oh! mon oncle!

— L'empereur est mort cette nuit.

La jeune fille éclata en sanglots...

— Crois-tu, poursuivit Koural-Mas après un silence, crois-tu que mon père eût pardonné au tien?...

— Oui! répondit Apsara.

— Alors pourquoi ce désespoir? Me supposes-tu moins clément que lui?

— Moins clément! oh!... non... mais...

— Mais cependant tu te frappes la poitrine, tu te meurtris les bras en regardant ce cadavre... Pour tant regretter le mort, il faut que tu haïsses bien le vivant!...

— Moi, seigneur! vous haïr!...

— Tu me crains, et c'est la même chose. Et tu as tort de me craindre, Apsara; tu as tort de me haïr: car, si mon père eût pardonné, je puis faire comme lui...

— Que dites-vous?...

— Je dis que mon avénement sera signalé par cette réparation éclatante que tu demandes et que tu es venue chercher... Je dis que je rappelle Ario de son exil de Samarang, que mon oncle peut revenir, et que j'irai à sa rencontre, hors des murs, pour l'embrasser et lui présenter le vin de palmier dans la coupe d'or de mes ancêtres...

La jeune fille regardait Koural-Mas dans les yeux tandis qu'il parlait...

Tout-à-coup, emportée par un élan de reconnaissance, elle se précipita sur ses mains, qu'elle couvrit de larmes et de baisers...

— Oh! merci! dit-elle d'une voix entrecoupée... Vous êtes clément!... vous êtes bon!... Mais... ce n'est pas tout encore... Je...

— Quoi donc? interrompit Koural-Mas en fronçant le sourcil...

— Vous ne faites grâce qu'à un proscrit...

— Eh bien !

— Eh bien ! reprit-elle en hésitant, il y en a deux !...

— Il y en a deux !

— Vous rappelez mon père de l'exil... Achevez l'œuvre de clémence... Oubliez une révolte éteinte depuis long-temps, et dont le chef, si cruellement poursuivi, n'est plus à craindre... Révoquez l'ordre qui met sa tête à prix !... Djelma-Bessar se soumettra, j'en suis sûre, si vous lui pardonnez !

— Djelma ! répéta Koural-Mas, dont les yeux s'allumèrent tout-à-coup... Quel nom me rappelles-tu ? Celui du traître qui a désolé nos provinces !...

— Grâce pour lui !...

— Grâce pour Trouna-Jaya ? Grâce pour le rebelle ?

— Non ! grâce pour mon frère !

Koural-Mas recula de deux pas.

— Son frère !... Comment !... celui qui se fait appeler Djelma, espérant ainsi faire oublier son nom de proscrit... celui-là est ton frère ?... Cela n'est pas possible ! tu t'abuses toi-même, enfant, ou tu veux me tromper.

— Par le corps glacé de celui qui ne m'entend plus, je te jure que je t'ai dit la vérité !

Un long frémissement courut dans la foule à cette révélation inattendue. Koural-Mas était immobile de stupeur et comme foudroyé. La sueur coulait sur son front à grosses gouttes... Il regardait devant lui d'un œil hagard... Le souvenir de sa rencontre avec Djelma-Bessar, dans la forêt, lui apparaissait comme une vision.

— Oh ! cet homme ! murmurait-il d'une voix

sourde... cet ennemi qui a porté la main sur moi, qui m'a désarmé !... que je voudrais poignarder !... que j'ai fait proscrire !... c'est son frère !

Il s'interrompit par un cri farouche. Une lueur infernale venait de traverser son esprit.

— Saisissez-la ! s'écria-t-il tout-à-coup, saisissez cette femme ! Elle se dit fille du pandjéran Ario, et elle ment !...

Il se tut, et reprit aussitôt.

— Elle dit que le rebelle est son frère, et prince du sang de Matarem, et elle ment !

— J'atteste Brahma ! s'écria la jeune fille indignée...

— Eh bien ! continua Koural-Mas, observant l'hésitation de la foule, si tu dis vrai ; si, en effet, cet homme est ton frère et prince de ma dynastie, il n'en est que plus coupable, et, au lieu de me supplier pour lui, tu dois me le livrer !

L'amiral Speelman, alarmé de cette colère toujours croissante et qui s'exhalait en imprudentes paroles, s'approcha vivement de l'oreille de Koural-Mas, et lui dit : — « Prenez garde !... le peuple murmure !...

— Que m'importe ! reprit Koural-Mas, plus excité que calmé par l'observation de l'amiral, il faut que ce misérable meure !... Et puisque tu demandes sa grâce, c'est que tu sais où il se cache... et tu vas me le livrer !

Apsara, jusque-là agenouillée, se releva, et jeta sur l'héritier impérial un regard de mépris

— Tu refuses ?

— J'ai eu tort de vous croire clément et magnanime.

— Tu refuses ?

12.

— Vous êtes le digne petit-fils d'Aroun-le-Cruel !
— Encore une fois... tu refuses ?
— Oui, et je vous méprise !...
— Holà ceux de ma milice ! qu'on s'empare d'elle ! et qu'on l'entraîne dans le palais : ce sera sa prison... La sœur nous répondra du frère !...

A cet ordre, donné d'une voix retentissante, les pradjourits, qui tenaient la tête du convoi, se replièrent et entourèrent la jeune fille...

— Un tel acte de rigueur ! en un pareil moment ! devant ce cercueil ! Réfléchissez aux suites ! dit l'amiral Speelman, qui s'était rapproché une seconde fois de Koural-Mas...

Mais celui-ci, aveuglé par la rage, était hors d'état de rien entendre. Les prudens avis de l'amiral restèrent aussi impuissans que les sourdes clameurs qui se croisaient de toutes parts dans la foule. Koural-Mas réitéra son ordre d'un geste menaçant. Dennigral fit rétrécir le cercle de ses soldats, et étendit le bras vers la jeune fille.

— Ainsi c'est une victime que vous voulez, ajouta Speelman...
— Une victime ou un ôtage !
— Tu n'as pas besoin d'ôtage, dit une voix derrière Koural-Mas : car me voici.

Il se retourna, et reconnut Djelma-Bessar.
Apsara poussa un cri.
Djelma, calme, les bras croisés sur la poitrine, le regard assuré, la contenance fière, était debout à côté d'Anderson.

— Oui, me voici ; je suis, en effet, ce qu'elle a dit : prince du sang de Matarem, fils d'Ario-Pougar, et neveu de l'empereur Mankoural Ier.. Je suis votre frère, Apsara ; et je remercie Dieu !

— Insensé! qui me braves!

— Non; je me livre, pour la sauver... Voilà tout.

— Tu ne la sauves pas, et tu te perds!

Koural-Mas fit signe à Dennigral, qui s'approcha de Djelma pour le désarmer...

Mais celui-ci porta la main à son kriss, et défia du regard le malencontreux chef des pradjourits, qu'il n'avait pas encore remarqué, et qu'il reconnut aussitôt...

— Dennigral!... c'est toi qui...

La parole expira sur les lèvres de Djelma. Oui: c'était là son ancien compagnon de courses et de dangers, son ancien soldat; l'homme sur le dévouement duquel il avait compté, qu'il avait jugé assez fidèle, assez loyal pour aller lui demander, dans sa fuite, l'asile et la protection du toit et du foyer.

— Vraiment, c'est toi! reprit Djelma, dont la physionomie exprimait à la fois le chagrin et le dégoût... Oh! si dégradé! si misérable!...

Puis, regardant alternativement cet homme et Koural-Mas:

— Lequel est le plus à plaindre des deux: du lâche soldat qui trahit son chef, ou du fils impie qui oublie le cadavre de son père?...

Cette sévère parole, jetée à pleine voix, produisit une vive impression sur les assistans. Toutes les têtes se retournèrent à la fois vers le sarcophage impérial demeuré, en effet, pendant toute cette scène, immobile et comme oublié. L'orage qui grondait depuis long-temps redoubla aussitôt ses menaces. Une sédition était sur le point d'éclater.

La rougeur monta au front de Koural-Mas; et, avec la rougeur, la démence. Grinçant des dents et brandissant son kriss, il se jeta d'un bond sur son ennemi, comme eût fait une bête fauve, et, de la main qui lui restait libre, il saisit Apsara par son voile...

Ce fut le signal d'une confusion ou plutôt d'une mêlée générale.

Djelma-Bessar fit de son kriss un bouclier dont il couvrit Apsara et Anderson. Les pradjourits, excités en vain par leur chef, durent renoncer bientôt à s'emparer du frère et de la sœur pour songer à la défense de Koural-Mas, qui luttait et écumait, pressé de toutes parts, et reculait pied à pied devant la multitude furieuse. L'imprudent! il avait blessé les instincts religieux de ce peuple, et son pouvoir, à peine naissant, était déjà renversé. L'indignation, qui travaillait sourdement la foule, s'était fait jour comme l'éclair, et avait gagné la noblesse. C'était à qui lâcherait pied, parmi ces courtisans si dévoués tout à l'heure au nouvel empereur. Un instant suffit pour foudroyer l'orgueilleux et l'impie, pour le déposséder du sceptre, et le rejeter, lui à son tour, de la royauté à l'exil. Le châtiment ce jour-là fut près du crime. Et, comme si ce n'eût été assez de l'indignation des hommes, la colère divine donna à la punition du jeune tyran un caractère encore plus redoutable. Ce jour-là les cratères du Mérapi et du Sindoro, éteints depuis long-temps, se rallumèrent et lancèrent des flammes. L'île tout entière fut agitée de bruits souterrains. On eût dit que le sol lui-même se révoltait contre Koural-Mas, et que Java irritée le maudissait par la bouche de ses volcans (1).

---

(1) Cette circonstance est rigoureusement conforme au

Speelman, qui avait vu ses conseils méprisés, n'eut garde de soutenir Koural-Mas en cette circonstance. Il comprit d'ailleurs, à la tournure que prit tout d'abord la révolte, qu'elle aboutirait à une révolution. Il résolut en conséquence de rester neutre, et de laisser faire le peuple.

Le soir, tout était accompli. Le champ de bataille était libre. La déchéance de Koural-Mas était prononcée.

On acheva les obsèques, qu'avait interrompues cette longue et sanglante mêlée. Le corps du défunt monarque continua son trajet funèbre jusqu'au lieu de sa sépulture. Arrivé à Migiri, on le plaça sur un bûcher qu'arrosèrent les libations de lait et le sang des victimes; puis, et sans attendre même que le feu l'eût consumé, on déposa le monarque debout dans le tombeau, le visage tourné du côté de l'orient.

La cérémonie fut terminée par une distribution de cadeaux aux assistans : au peuple, des mesures de maïs et de riz; aux chefs, des plaques d'or.

Puis on donna la volée à des pigeons et à un aigle : ce qui signifiait que l'âme du bon et magnanime empereur venait de prendre son essor dans le ciel.

---

récit des historiens. L'impiété dont Koural-Mas fit parade aux obsèques de son père indigna le peuple et fut cause de sa chute, qu'accompagnèrent deux éruptions successives du Mérapi, l'un des plus célèbres ignivômes de Java.

XII

NOUVEAU RÈGNE.

Si le gouverneur avait hésité à prendre un parti en présence de la révolte que nous venons de raconter, il ne fit aucune difficulté d'accepter la déchéance de Koural-Mas lorsqu'elle fut accomplie. Le fils de l'empereur avait été mis en fuite et courait la campagne avec une poignée de serviteurs demeurés fidèles à son infortune. Il s'agissait de trouver un successeur à l'empire. L'amiral hollandais conféra longuement sur cet objet avec le missionnaire Anderson.

— Vous n'ignorez pas, lui représenta celui-ci, par quelles manœuvres impies le frère aîné du défunt monarque fut dépouillé de ses droits au trône après la mort d'Aroun-le-Cruel. A lui seul et à ses descendans appartenait le sceptre de Java; mais la persécution prévalut sur le respect dû aux coutumes, et Mankoural Ier s'empara de la couronne, tandis que son malheureux frère, Ario, languissait dans l'exil.

— Je sais cela, mon père, répondit Speelman; mais je sais aussi que l'influence de mon gouvernement ne fut pas étrangère au fait dont vous parlez; et la Hollande se doit aujourd'hui de ne pas paraître en désaccord avec sa précédente politique, en détruisant l'édifice élevé par ses mains.

Anderson reprit :

— L'édifice élevé il y a trente ans, au mépris des lois divines et humaines, s'est écroulé hier ; et nul ne peut dire que Votre Excellence ait contribué à sa chute. Votre conscience politique doit donc être complètement rassurée à cet égard. D'ailleurs, en rappelant Ario, vous ne feriez que ce que l'héritier détrôné allait faire lui-même. Koural-Mas avait cru devoir mettre son douteux avènement sous la protection d'un tel acte de clémence. Il rappelait son oncle, vous vous en souvenez. Vous montrerez-vous moins juste qu'il ne l'aurait été, et ce qu'il allait faire, ne le ferez-vous pas ?

L'amiral parut réfléchir profondément sur cette question.

— Si fait! répondit-il après un silence; et, à bien y regarder, le rappel d'Ario est encore le seul

parti auquel il soit prudent de s'arrêter...
Mais...

— Qui donc arrête Votre Excellence? demanda Anderson.

— Rien : un scrupule...

— Lequel ?

— Mais un scrupule devant lequel tout vient se briser : le fils d'Ario, ce Djelma-Bessar, a avoué lui-même qu'il était le rebelle Trouna-Jaya, celui qui a allumé cette terrible insurrection madouraise. Or, ne serait-ce pas encourager la rébellion que de pardonner à un tel homme, que de changer sa proscription en triomphe, et de placer enfin notre ennemi sur la première marche du trône ?

Anderson répliqua que les intérêts de la politique devaient le céder à d'autres intérêts plus sacrés, plus respectables ; que les droits d'Ario ne pouvaient être mis en doute, et que, dussent les prévisions de l'amiral être fondées, il ne fallait pas vouloir le bien d'un peuple malgré lui, et l'empêcher de choisir ses souverains parmi ses princes légitimes. Le pandjéran Ario appartenait à la dynastie de Matarem ; il avait pour lui les sympathies populaires, qui s'étaient éloignées de Koural-Mas. Celui-ci ne pouvait s'en prendre qu'à lui-même de sa disgrâce, désormais irrévocable. Et rien d'ailleurs n'annonçait que le pays dût perdre au change de ses souverains : Ario-Pougar était au moins aussi aimé qu'avait pu l'être Mankoural Ier ; et, des deux héritiers, on pouvait affirmer que Djelma-Bessar serait le plus populaire...

— Populaire! répéta Speelman avec une sorte

d'impatience; il ne le serait que trop! Ce n'est pas un prince populaire qu'il nous faut : nous voulons un allié fidèle, voilà tout; nous lui demandons du dévouement, et non pas de la popularité.

— Je crois connaître assez Djelma pour vous répondre qu'il ne sera jamais l'allié qu'il vous faut, observa Anderson.

— C'est pour cela qu'il ne peut prétendre à monter au trône, répondit Speelman.

— Il faudra pourtant bien qu'il succède à son père.

— Non! tant que je serai gouverneur, et que le stathouder Guillaume III tiendra à conserver ses possessions des Indes-Orientales.

— Alors que prétendez-vous? Le trône ne peut rester vacant.

— Aussi vais-je y appeler le pandjéran. Mais il faudra qu'il reconnaisse l'illégitimité de ce Djelma, qui n'est pas né d'une femme javanaise, entendez-vous, mais bien d'une esclave du pays des Dayas. Les lois de cette île n'admettent pas le mariage consacré seulement par le rit gandharba; et telle a été l'union du pandjéran avec cette étrangère, cette Djaïali, autant qu'il m'en souvienne. Ario m'entendra et n'hésitera pas, je l'espère, à m'accorder satisfaction sur ce point.

— Qu'exigez-vous de lui?

— Le maintien de l'édit de proscription qui frappe Djelma.

— Si vous êtes à ce point sévère pour Djelma, que ferez-vous de Koural-Mas?

Speelman resta pensif.

— Ce que nous en ferons? Nous l'enverrons à Ceylan.

Toutefois, reprit-il, et pour pallier, autant que possible, la rigueur d'une telle mesure, nous feindrons de lui avoir proposé un traité de paix qu'il aura refusé... De cette façon, la dignité de notre politique est à couvert. Koural-Mas refuse de se réconcilier, nous l'exilons.

— Mais Koural-Mas ne refusera rien : il acceptera tout.

— C'est ce qu'il faudra voir.

— Cela est certain.

— Dans tous les cas, reprit l'amiral, il est indispensable qu'il soit envoyé en exil : un exil... momentané.

Anderson essaya vainement de combattre les objections toujours renaissantes de Speelman. Il ne put lui faire lâcher pied sur ce que celui-ci appelait pompeusement la dignité de sa politique.

Le point important était d'avoir fait consentir l'amiral au rappel d'Ario et à son couronnement. Tranquillisé de ce côté, le bon missionnaire n'en exigea pas pour le moment davantage, et rompit la conférence.

Mais ce que ni lui ni l'amiral n'avaient pu prévoir, c'est que les événemens marcheraient plus vite que les négociations, c'est que le peuple javanais achèverait lui-même son ouvrage, et que, non content d'avoir humilié le superbe dans la personne de Koural-Mas, il exalterait celui qu'on avait long-temps abaissé, dans la personne d'Ario. Bref, ils n'avaient pu prévoir qu'au moment où ils discutaient sur le choix du successeur à donner à Mankoural Ier, ce successeur était

13.

déjà nommé, déjà couronné, et qu'il n'appartenait à personne d'aspirer maintenant à ce trône, où le sultan Ario-Pougar était assis.

Oui, l'auguste pandjéran avait été amené triomphalement de Samarang à Sourakarta. La clameur publique l'avait désigné empereur, et quelque résistance qu'il opposât à cette impérieuse fortune qui le venait chercher, il avait dû se laisser entraîner par elle. Et puis, si le trône l'attendait là bas, sa fille Apsara l'y attendait aussi; Djelma, son fils, l'y appelait. Le vieillard pouvait-il se détourner de cette double image? pouvait-il tenir bon contre la tentation d'être enfin heureux et libre, et à tant de joie préférer obstinément les tristesses de l'exil?

Il vint donc; il rentra dans la capitale de l'empire. Il y reprit possession du sceptre de ses ancêtres; mais chacun put remarquer sur le front du nouveau monarque les traces profondes qu'y avaient creusées l'âge et le chagrin. L'habitude du malheur avait à la longue courbé cette tête et voûté ces épaules; et, ravage plus douloureux encore, en affaiblissant son corps, cette longue persécution avait affaibli sa volonté.

C'est à un tel homme que Speelman, poursuivant inexorablement les desseins de sa politique astucieuse, vint proposer les conditions que voici :

— Renoncez d'abord, lui dit-il, à la presqu'île de Japara, foyer d'insurrection qu'il s'agit de tranformer, en le pacifiant, en l'assimilant à notre civilisation européenne. Japara, si souvent prise et reprise, deviendra en nos mains une place florissante, un des ports les plus fréquentés de cet archipel.

Pour prix de l'assistance que nous vous avons prêtée, de celle que nous vous prêterons encore, renoncez également à la possession de quelques autres villes du nord : Tagal, par exemple, lieu aussi malsain que Samarang, et que nous nous chargerons d'assainir, comme nous avons assaini Batavia; Demak, ancienne capitale déchue, qui n'est plus qu'une ruine, et à laquelle nous rendrons sa couronne de cité. Livrez-nous Grabogan, Siséla et cette maigre portion de territoire qui s'étend de la mer jusqu'au mont Oung'Arang.

Et comme Ario paraissait hésiter devant l'abandon successif de toutes ces places, Speelman ajouta :

— Nous, en échange, nous vous appuierons dans toutes vos entreprises; nous prendrons les armes pour défendre votre royale cause contre celle du prétendant fugitif... Nous purgerons l'île des derniers partisans de Koural-Mas, et lui-même nous le relèguerons à Ceylan.

Lorsque vous aurez consenti à l'abandon des postes fortifiés d'Oung'Arang, de Pédakpayang et de Salatiga ; lorsque vous nous aurez donné des gages assurés de votre bonne amitié et du désir que vous avez de resserrer les liens d'estime mutuelle qui nous unissent déjà, il ne restera plus à Votre Altesse qu'à sceller cette alliance par un dernier sacrifice : je veux parler de l'abandon des prétendus droits du prince Djelma...

Ario changea de visage.

— Du prince Djelma, continua Speelman,

auquel je pourrais certainement refuser ce titre, attendu que sa naissance fut illégitime...

Et alors, malgré les interruptions et les dénégations d'Ario, l'amiral établit l'illégitimité de Djelma par toutes les preuves que lui fournit sa mémoire...

En vain Ario lui opposa que les rites brahmaniques avaient consacré son union avec Djaïali.

—Cette religion n'est plus la vôtre, lui répondit Speelman. Vous êtes mahométan, comme l'exige le titre d'empereur que vous portez. Laissez quelques mécontens, quelques obscurs conspirateurs se disputer dans l'ombre les lambeaux de l'ancien culte, tombé en désuétude et en mépris. Il n'y a plus que la tribu des Béduïs qui soit idolâtre; et vous ne pourriez plus invoquer ces dieux, les dieux de la révolte et de la discorde, sans vous exposer à l'inimitié des Hollandais, qui veulent être vos protecteurs. Souvenez-vous que ce Djelma, ce fils illégitime dont je vous demande l'éloignement et l'exclusion du trône, je l'ai combattu autrefois. Puis-je donc consentir à lui rendre hommage comme à un fils de roi, lui à qui j'ai fait la guerre comme à un rebelle? Ne comptez jamais sur un tel rapprochement; il est impossible; et si vous persistiez, malgré mes remontrances, à conserver auprès de vous ce fils, qui a été notre adversaire et qui restera notre ennemi, je vous le déclare : ce serait mettre la satisfaction de votre cœur de père à plus haut prix que notre alliance, et cette conduite me dicterait mon devoir.

— Que feriez-vous donc? demanda le monarque troublé...

— Au lieu de faire un pas vers vous, et de vous tendre cette main qui tient le rameau vert, j'en ferais deux en arrière, et je tirerais l'épée; au lieu de nous avoir pour protecteurs, vous nous auriez pour ennemis. Choisissez..

Speelman était trop politique pour laisser Ario sous l'impression immédiate de cette menace, si conditionnelle que fût la forme sous laquelle il avait eu soin de la présenter. Il se reprit donc, et sa parole devint aussi caressante qu'elle avait été un instant ferme et impérieuse.

— Vous êtes trop bon Javanais pour mettre un intérêt de famille au-dessus de l'intérêt général, qui exige le maintien de l'édit déjà rendu contre le prince Djelma. Croyez, au surplus, que, pour agir, ainsi que nous le faisons, avec prudence, nous n'agirons pas avec cruauté, et que notre bienveillance pour tout ce qui vous touche se chargera d'adoucir les rigueurs de la loi... Le temps de la proscription est passé; c'est un simple éloignement qu'on vous propose, voilà tout. Si le prince Trouna-Jaya a été long-temps persécuté, si sa tête a été mise à prix, nous voulons user de plus de clémence envers Djelma-Bessar. Il quittera l'île, que sa présence pourrait troubler, et tout sera dit. Vous voyez que notre politique est impartiale : elle traite le fils illégitime comme le véritable héritier, Djelma-Bessar comme Koural-Mas. C'est assez dire que nous voulons, avant tout, la paix et la prospérité de ce pays.

Ario, dont le cœur était péniblement oppressé par tout ce qu'il venait d'entendre, demanda jusqu'au lendemain pour se décider à un parti quelconque.

Sacrifier son fils !... car c'était cela, c'était bien cela qu'on lui demandait... Cette seule idée révoltait son cœur, et cependant l'amiral lui avait montré l'abîme de dissensions et de guerres renaissantes dans lequel son refus pouvait précipiter tout un peuple. En présence de tant de désordres, de tant de luttes nouvelles, qu'il prévoyait; en présence des menaces détournées de l'amiral, qui retentissaient encore à son oreille; assiégé de mille craintes, partagé de mille sentimens divers, le pauvre empereur, à peine monté sur ce trône chancelant, eut la pensée d'en descendre et de retourner dans sa solitude. Mais il eût fallu une âme forte encore pour réaliser ce dessein; et, nous l'avons dit, toute vigueur était expirante au cœur d'Ario. Il pouvait concevoir une résolution hardie, mais non la suivre. La faiblesse du corps se communiquait à l'esprit. Après avoir envisagé un instant l'idée qui se trouve dans ce mot : abdication, il eut peur des suites qu'un tel acte entrainerait; il eut peur de l'acte en lui-même, et, fermant les yeux comme un homme pris de vertige, il tâcha de ne plus comprendre, il tâcha de ne plus penser.

Comme on a pu le pressentir d'après quelques mots de Speelman à Anderson, le cauteleux amiral fit faire des démarches auprès de Koural-Mas, dans le but d'amener celui-ci à des idées de transaction et d'accommodement. C'est Knol, le lieutenant de Speelman, qui fut chargé de cette négociation délicate. Tout devait être conduit de façon que Koural-Mas, enflé d'orgueil à ce faux semblant d'ambassade, et s'abusant sur sa véritable position, se crût en mesure de dicter des conditions, bien loin d'en recevoir, et en dictât en effet d'extravagantes : c'est ce qui ne manqua pas d'arriver. Koural-Mas, irrité qu'on osât lui demander son consentement à sa propre déchéance, et persuadé d'ailleurs qu'il était encore à craindre, puisqu'on lui adressait des parlementaires, répondit avec hauteur qu'il enverrait un régent à Sourakarta. En effet, ce jour-là même le régent annoncé partit. Mais Speelman, informé par Knol de ce qui s'était passé, et satisfait d'avoir enfin mis tous les torts du côté de Koural-Mas, refusa de reconnaître le chargé d'affaires, qui, malgré son titre pompeux de régent, se vit traité comme un simple messager.

Voici, en substance, quelle fut la réponse de l'amiral, parlant au nom de la Compagnie hollandaise :

La Compagnie ne pouvait reconnaître Koural-Mas pour souverain; et cela pour quatre motifs :

1º Parce qu'il était un tyran, qui avait excité son père contre les Hollandais;

2º Parce que l'ambassade de Koural-Mas, au lieu d'être composée de princes ou de ministres, selon l'usage, n'était composée que d'un régent;

3º Parce que, en informant la Compagnie de son avénement (le matin même du jour de la mort de son père), Koural, probablement à dessein, n'avait pas proposé le renouvellement des traités;

4º Enfin, parce que des lettres interceptées et d'autres preuves isolées faisaient connaître que lui, Koural-Mas, après sa fuite, avait invité le prince ou radjah de Madouré à se joindre à sa fortunc contre les Hollandais, pour tenter de les chasser de l'île.

A raison de ces circonstances plus ou moins réelles, pour toutes ces causes plus ou moins valables, le prince Koural-Mas était déclaré bien et valablement déchu.

Il fut poursuivi à outrance, traqué de province en province, comme l'avait été Trouna-Jaya, et enfin forcé de se rendre à Knol, le lieutenant, qui, chargé naguère de l'ambassade, l'avait été aussi de l'expédition militaire. Koural-Mas, oubliant cette fois toute fierté, se courba devant le représentant de Speelman et lui présenta son kriss.

L'officier hollandais, fidèle à ses instructions, rendit l'arme au prince, le traita avec humanité, et l'envoya à Ceylan.

Ce départ s'effectua la nuit; et cette nuit-là même (chacun depuis en fit la remarque), la fameuse Makouta, ou couronne d'or de Madjapahit, disparut du trésor impérial, où elle était renfermée.

La vénération superstitieuse qu'inspire à tout Javanais chaque joyau de ce trésor peut faire comprendre la consternation qui s'empara de tous à une si fatale nouvelle. La couronne de Madjapahit perdue, c'était un présage certain de calamité. Ces craintes populaires assombrirent encore l'âme déjà si chagrine d'Ario, et lui ôtèrent le peu d'énergie qui lui restait. Incapable de lutter plus long-temps, il résolut de laisser faire au hasard, c'est-à-dire à l'amiral.

XIII

LE FRÈRE ET LA SŒUR.

Nous avons perdu un instant de vue deux de nos principaux personnages, que nous allons retrouver dans le présent chapitre.

On se souvient que, peu d'instans avant la célébration des obsèques impériales (cérémonie qui avait été le signal d'une révolution), notre ancien compagnon Biadjou-Praho était allé chercher un refuge sous les arbres d'asile. Le tumulte qui éclata bientôt effraya le pauvre diable, de qui la nature était peu guerroyante; il se cacha bravement quelque part, et attendit, sans bouger, que le calme, se rétablissant, lui annonçât la fin de la querelle. Ce moment si désiré arriva, et lorsque tout lui parut tranquille, notre homme, reprenant du cœur, passa la tête hors de son trou. Le voilà dehors, le voilà de nouveau gesticulant et gambadant, prenant part à l'allégresse universelle, s'applaudissant de l'heureux avénement d'Ario, et s'enrôlant dans toutes les troupes de bateleurs.

Puis il lui vint une idée lumineuse : Djelma, à qui, dans une position assez perplexe, il avait rendu service, ce Djelma, aujourd'hui, était puissant, et peut-être ne refuserait-il pas de l'obliger à son tour. Le formidable lion se souviendrait peut-être du pauvre rat qui naguère avait rongé les mailles de sa prison de chanvre. Porté par cet espoir, Biadjou, qui n'avait plus rien à craindre de la vieille Lavanyâti ni de Dennigral, s'achemina gaîment vers le palais. Précisément, la première personne qu'il rencontra, ce fut Anderson.

— C'est moi, dit-il au pieux missionnaire, en l'abordant effrontément : ne me reconnaissez-vous pas ?

Ce n'est qu'après avoir jeté au vent cette question, demeurée sans réponse, que Biadjou s'aperçut de la tristesse empreinte sur la physionomie du saint homme.

Changeant alors de langage et de maintien :

— Pardonnez-moi, reprit-il, si j'ose invoquer un souvenir tout récent; mais j'ai été assez heureux pour vous arracher, vous et votre ami, le prince Djelma, aux horreurs d'une odieuse captivité. Je n'ai fait que pressentir l'événement de sa glorieuse et complète délivrance : quelques heures plus tard, la fortune se chargeait d'achever l'œuvre que mon dévouement avait commencée. Ne croyez pas que je réclame une récompense! Je suis assez payé par la joie que j'éprouve d'avoir participé, moi indigne, au grand mouvement qui a précipité le féroce Koural-Mas, et élevé le noble Ario sur le trône de ses pères. Cependant, j'ai pensé que le prince Djelma pouvait avoir la mémoire aussi bonne qu'il a l'âme grande, et c'est ce qui m'encourage à vous rappeler mes titres, qui sont peu de chose, et que vous avez peut-être oubliés. Les voici : sauveur d'un auguste prisonnier, restaurateur des libertés publiques, admirateur du grand courage et des nobles infortunes...

— Amateur de chevaux, interrompit Anderson.

— Oh! je tiens peu à cette dernière qualification, reprit Biadjou. Quant à mon nom, vous le connaissez : Biadjou-Praho...

— Quand tu conduis ta barque; Biadjou-Poulo sur la terre ferme, je m'en souviens. Mais laissons cela; tu m'as promis d'être honnête homme, et je veux faire quelque chose pour toi. Voici d'abord un avis: si tu veux obtenir une faveur quelconque, ne t'adresse pas à Djelma; son crédit n'est pas aussi puissant que tu le supposes...

— Quoi? comment? que dites-vous? le fils de l'empereur !

— Le vainqueur d'aujourd'hui est encore le proscrit d'hier. Adresse-toi de préférence à Speelman...

— A l'amiral? Il me connait : il me ferait pendre.

— Ecoute, alors.

Après avoir écrit quelques mots sur des tablettes qu'il remit à Biadjou :

— Tu vas porter ceci à la fille de l'empereur.
— Apsara !
— A elle-même.
— Que lui dirai-je ?
— Rien : elle lira.
— Et quand elle aura lu...
— Tu verras. Seulement, agis avec discrétion : attends le coucher du soleil, et glisse-toi par les jardins jusqu'à proximité de la varanda, où la noble jeune fille vient respirer l'air du soir avec ses femmes.
— Je comprends.
— Tu tâcheras d'arriver jusqu'à elle, et tu lui remettras ces lignes où je réponds de ton dévouement.
— Merci, merci ! murmura Biadjou.
— La princesse aime tendrement son frère, et son appui te servira. Mais il faut éviter les regards de Speelman.
— Soyez tranquille !
— Adieu donc, et fais ce que je t'ai dit.
— Je le ferai.

Biadjou exécuta ponctuellement ce qui lui était recommandé, et toute chose s'accomplit en effet comme l'avait prévu Anderson. Le soir, il était en sentinelle à quelque pas de la varanda.

Apsara sortit de l'intérieur du dalam, et s'approcha de la galerie pour respirer le frais. Elle aperçut l'aventurier blotti derrière un treillage, et l'envoya chercher

— Pourquoi, esclave, lui demanda-t-elle, as-tu osé franchir les limites défendues?

— C'est, noble fille de notre empereur, que le feu monarque m'avait nommé (il y a bien longtemps) inspecteur de ses jardins, et qu'il me tardait d'entrer enfin en fonctions. J'admirais ces beaux arbres qui portent l'encens, et qui sont venus, assure-t-on, de Siam et de Soumadra.

— Cette curiosité pourrait te coûter cher. Nul ne pénètre dans ces jardins sans un ordre.

— Voici le mien, répondit Biadjou, tirant ses tablettes.

— Signé de l'empereur?

— Non.

— Signé de l'amiral ?

— Non. Lisez.

Apsara prit les tablettes, et lut ce qu'elles contenaient.

Son regard aussitôt s'anima d'une expression de bienveillance toute particulière. Elle fit signe à Biadjou prosterné de se relever, et lui dit en souriant :

— Tu es dévoué à mon frère... sois le bienvenu ! Je me charge de ton sort.

En effet, le soir même, elle supplia l'empereur de daigner prendre sous sa protection le pauvre Biadjou.

Mais, de toutes les charges de la cour, il n'y en avait qu'une qui fût restée vacante : celle de bouffon.

Elle fut offerte à Biadjou, qui l'accepta avec empressement.

Le voilà donc investi d'une fonction, d'une dignité! le voilà, lui aussi, paré d'un titre et d'un costume de cour! et cela sans avoir tenté la protection de Speelman, qui la lui eût refusée. Le voilà installé au palais, vivant bien, lui qui, jusqu'alors, avait vécu au jour le jour, sans gîte et sans subsistance assurée. Maintenant il était sûr du présent et de l'avenir; il pouvait, à l'aide de son masque de bouffon, dire son fait à chacun, rire au nez de chacun, se moquer de l'amiral lui-même. Toute licence lui était accordée avec les insignes de son nouveau grade. Biadjou connaissait parfaitement tous les priviléges dont il allait jouir, et il était bien décidé à en profiter.

A en profiter, disons-nous, non-seulement pour satisfaire son penchant naturel à la moquerie, mais encore, ce qui vaut mieux, pour acquitter envers Apsara, Djelma et Anderson la dette sacrée de la reconnaissance. Telles étaient, il faut le dire, les véritables dispositions de Biadjou. Il se promit à lui-même d'être toujours pour ses protecteurs un serviteur fidèle et dévoué, de s'immoler à leurs intérêts, de s'oublier pour eux en toutes circonstances. Cette résolution était bien sincère, bien arrêtée dans son cœur. On verra plus tard comment il tint parole.

Le délai que l'empereur avait demandé à l'amiral pour prendre un parti sur les divers points du traité d'alliance proposés par celui-ci, ce délai était expiré depuis long-temps; et Ario n'avait pas encore fait connaître sa réponse. On a vu plus haut sa tendresse aux prises avec la politique inexorable de Speelman; et l'on a pu deviner que celle-ci serait la plus forte. En effet, le débile Ario accorda tout ce qu'on voulut, signa l'abandon de toutes les places fortifiées du nord de l'île, consentit à payer tous les frais de la guerre, à subvenir à l'entretien d'un détachement de deux cents hommes de troupes hollandaises «pour sa sûreté personnelle», à Sourakarta; (ledit entretien devant monter, par mois, à treize cents piastres d'Espagne).

Les premiers articles de ce traité furent acceptés et signés par l'empereur, qui pensait acquérir l'amitié des Hollandais au prix de si énormes sacrifices. Mais le dernier et le plus douloureux pour son cœur de père restait encore à consommer. L'amiral insista opiniâtrement sur ce dernier point, auquel il semblait attacher plus d'importance qu'à tout le reste. Il exigea, il menaça de nouveau... Il obtint enfin, à force d'adresse et de persistance, à force de volonté contre un vieillard qui n'en avait plus; il obtint que l'acte de proscription lancé autrefois contre le rebelle Trouna-Jaya serait maintenu dans toute sa vigueur. Ario, épuisé par la longue lutte qu'il avait soutenue, s'évanouit après avoir signé.

Anderson eut compassion de ce malheureux prince, et ne lui adressa pas un reproche. Toute son indignation se tourna vers Speelman, dont il flétrit avec énergie les astucieuses menées.

— Je plains, lui dit-il, le gouvernement qui vous laisse agir de la sorte, et qui tolère en ses agens l'oubli de toute morale et de toute probité. Je vous déclare que votre conduite en tout ceci n'a pas été loyale, et qu'en blessant la justice des hommes, elle irrite la justice de Dieu. Je prie le ciel que vous n'ayez pas un jour à expier cruellement cette faute! Adieu, monsieur le gouverneur. Je m'attache au sort de l'homme que vous avez deux fois proscrit. Je ne quitterai pas Djelma;

c'est un devoir pour moi de prendre parti pour lui contre vous!

Djelma ne fut pas surpris lorsque Anderson vint lui apprendre que le traité était signé, et qu'il était une seconde fois victime des jalouses intrigues de l'amiral. — « Je m'y attendais! » — Telle fut sa seule réponse. Il ne proféra aucune plainte, ne fit entendre aucune menace; son unique pensée fut pour sa sœur.

— Au moins, dit-il, me permettra-t-on de lui dire adieu, cette fois...

Le soir tout était silencieux autour du palais. Les bruits de fête qui avaient salué l'avénement d'Ario s'étaient apaisés et éloignés peu à peu. La demeure des souverains ressemblait à une tombe.

Un homme se glissa dans les jardins, et s'approcha furtivement de la porte dérobée qui conduisait dans l'enceinte réservée du dalam. Cette porte, à laquelle il heurta doucement, s'entr'ouvrit et livra passage à la joviale figure de Biadjou.

— C'est vous, seigneur, murmura celui-ci à voix basse... Attendez un peu : que j'aille avertir la princesse.

— Tu lui remettras ces tablettes et cette fleur, lui dit Djelma, qu'on a déjà reconnu.

Le bouffon disparut et se rendit à l'appartement des femmes. Il eut bientôt touché le seuil de la chambre d'Apsara et soulevé la lourde draperie de damas rouge qui en fermait l'entrée.

— Que m'annonces-tu? dit la sœur de Djelma en tressaillant.

— Je suis chargé de vous remettre ces tablettes d'ivoire et cette fleur de kamboja.

Il tendit la belle fleur à la belle fille ; l'une respira l'autre ; et quand cela fut fait :

— Qui m'envoie ces tablettes ? demanda Apsara.

— Un chasseur de tigres, vaillant et renommé, d'une haute naissance, qui pourrait prétendre à d'augustes destinées, et que le malheur rejette une seconde fois à l'exil. Je l'ai trouvé appuyé contre la porte du dalam, dans l'attitude du chagrin et de l'abattement ; et cependant il est brave et hardi, redoutable à la guerre comme Crishna ! J'ai cru voir ruisseler des pleurs sur sa joue...

— Donne ces tablettes, donne...

Elle les ouvrit, et lut avec émotion :

« Une larme ! — Il n'en faut pas plus pour faire éclore
» Une perle !
» Une fleur !
» Un espoir !
» Quand le cœur se dessèche, quand la fleur se flétrit,
» Le cœur et la fleur réclament leur rosée.
» Qui ranime celle-ci ? Une goutte de pluie...
» Qui console celui-là ? Une larme de tes yeux. »

Apsara avait déjà deviné son frère. Elle ne douta plus lorsqu'elle eut achevé ces mots. En quelques secondes elle fut auprès de Djelma.

Cette entrevue, qui était une entrevue d'adieu, fut déchirante. Apsara ne pouvait comprendre cette persécution bizarre, opiniâtre, qui s'attachait à sa famille, qui se vengeait sur le fils de l'élévation du père, qui n'épargnait l'un que pour sacrifier l'autre.

— Et mon père a pu consentir ! il a pu signer ce traité qui te livre à l'exil, à la mort peut-être !....

— Rassure-toi, répondit amèrement Djelma... L'amiral est clément : il a daigné me faire savoir que sa justice serait satisfaite si je m'éloignais ; qu'il n'en voulait pas à mes jours ; que mon nom seul lui faisait ombrage, et que, pourvu que je consentisse à quitter l'île, il consentirait, lui, à m'oublier... peut-être même à me pardonner plus tard. Son oubli ! son pardon ! son mépris !... Comprends-tu, ma sœur ? Oh ! je te dis que ce Speelman est généreux et magnanime, et que nous lui devons encore de la reconnaissance...

— Oh ! mon père ! mon père !...

— Ne l'accuse pas : son âge et sa faiblesse le mettent à la merci de l'amiral. Il est aussi à plaindre que nous.

— Mais il est impossible que tu repartes en exilé, toi qui étais revenu en vainqueur !...

— Pourquoi donc ? Tout n'est-il pas renversé ? tous les droits ne sont-ils pas méconnus ? Les gourdes aujourd'hui tombent au fond du torrent, et les pierres surnagent ! Il faut savoir se résigner. Le saint vieillard, qui me regarde comme son fils, et qui t'aime aussi, ma sœur, comme si tu étais son enfant, le vertueux Anderson m'a enseigné la résignation.

— Et moi, moi ! que deviendrai-je ? s'écria Apsara. Si notre première séparation fut cruelle, que sera celle-ci ! Sais-tu que mon cœur fut près de se briser lorsque je te vis t'éloigner ?.. Incapable de te dire adieu, je pleurai ! je crus ne te revoir jamais !... Si tu savais les amères pensées, les folles visions qui me troublaient ! J'aurais voulu te suivre; je redoutais pour toi chaque danger de la route, chaque détour, chaque sentier; tout me faisait peur. Mon âme franchissait l'espace pour arriver jusqu'à toi.. J'aurais voulu être le pâle rayon de la lune qui éclairait ton chemin !... j'aurais voulu être le nuage qui passait au-dessus de ta tête!... Oh! combien a duré cette absence, et combien durera celle-ci! Mon frère, qui sait si tu reviendras? Je verrai se sécher et reverdir les feuilles des arbres, et tu ne seras pas là! je verrai s'épanouir les calices embaumés du kamboja, et ta main fraternelle ne sera plus là pour les cueillir!...

Apsara pâlit tout-à-coup en prononçant ces mots; puis, regardant la fleur déjà fanée que lui avait remise Biadjou-Praho :

— C'est un emblème de deuil que cette fleur : y as-tu pensé, Djelma? L'arbre qui la porte croît sur les tombeaux... c'est peut-être un présage !

Djelma prodigua les paroles les plus tendres pour rassurer sa sœur; mais il ne put parvenir à tromper cette âme aimante.

— Non! non! quoi qu'il arrive, reprit-elle avec véhémence, tu ne t'éloigneras pas ainsi... ou, si tu pars, cette fois je te suivrai!

— Ma sœur! ma sœur! que dis-tu ?

— J'ai été forte, je le serai davantage. Comme j'ai quitté Samarang, je quitterai Sourakarta !...

— Ma sœur, chère Apsara! n'écoute pas ton dévouement, n'écoute pas ton courage! Ce sont de dangereux conseillers que le ressentiment et le désespoir... Mais si tu pleures ainsi, tu me rendras faible et insensé... et j'ai besoin de toute ma force... Veux-tu me faire regretter de t'avoir vue, de t'avoir embrassée avant mon départ?.. faut-il que je m'arrache à ce dernier adieu! Speelman avait donc raison de me défendre de te voir!...

— Attends! dit vivement Apsara...

— Où vas-tu?

— Je vais me jeter aux pieds de mon père... le supplier pour toi .. pour nous deux... rendre l'énergie à sa pauvre âme expirante qui se débat! Oh! s'il peut vouloir un instant! s'il peut dire à l'amiral : « Je veux! » Si j'obtiens cela!... mon frère, mon bon frère, nous sommes sauvés!! Attends-moi ici, je reviens!...

Elle s'échappa avec la légèreté d'une gazelle, et disparut dans les ténèbres du corridor.

Djelma resta quelques secondes immobile; puis il leva les yeux vers le ciel, et dit avec un profond soupir : Pauvre enfant!

Faisant alors un effort sur lui-même, il s'éloigna rapidement, escalada les palissades et les murs qu'il avait déjà franchis, et se trouva enfin hors du palais, dans une ruelle écartée.

Là, un cheval, tout sellé, l'attendait, attaché à un arbre.

— Pauvre Anderson! que dira-t-il, lui, mon second père, qui voulait partager mon second exil?...

Il passa la main sur ses yeux, et reprit avec plus de fermeté :

— C'était impossible! Il vaut mieux qu'il reste pour la protéger. D'ailleurs, ajouta-t-il après un silence, je n'ai pas besoin de compagnon.

La petite ruelle fut un instant troublée par le bruit d'un trot rapide, qui diminua peu à peu et finit par s'éteindre tout-à-fait.

Djelma était parti.

Cette fois il partait seul, pour un voyage sans terme et sans but déterminé ; son cheval l'emportait vers les montagnes, du côté de l'orient : voilà tout ce qu'il savait.

Il sortit de la ville par la même porte qui l'avait vu entrer avec Anderson. Ce lieu, naguère si tumultueux, si encombré, était maintenant désert et muet. Le cavalier passa, comme la première fois, sans être remarqué.

Il marcha toute la nuit sans relâche et tout le jour suivant. Quand il se décida à prendre du repos, la solitude l'environnait de toutes parts. Aussi loin que sa vue pouvait s'étendre, il n'apercevait pas un toit, pas une spirale de fumée....

Il avait dépassé les habitations des hommes.

Ainsi qu'on a pu le prévoir, ainsi que l'avait prévu Djelma lui-même, l'espérance d'Apsara fut trompée, sa démarche fraternelle n'eut aucun résultat. Il lui fut impossible d'arriver jusqu'à son père, enfermé en ce moment avec l'amiral. Redescendant aussitôt l'escalier, qui de l'intérieur du dalam conduisait dans les jardins, la jeune fille ne trouva plus son frère et poussa un grand cri. Biadjou, qui survint, la reçut dans ses bras, évanouie. Les tablettes de Djelma étaient tombées à terre.

Lorsque Apsara rouvrit les yeux, elle demanda ces tablettes, et Biadjou les lui rendit. Elles contenaient, outre les lignes qu'on a lues plus haut, ces quelques mots, ajoutés à la hâte et tracés d'une main tremblante :

« Je confie ma sœur au vénérable Anderson. »

XIV

LA FUITE.

Le lecteur nous permettra de lui faire franchir un intervalle de quelques mois, pendant lesquels la position respective des personnages de cette histoire a peu varié. Nous retrouvons Ario toujours faible, toujours chagrin, toujours ployé par l'âge et la douleur, toujours obsédé par les regards soupçonneux et les conseils intéressés de Speelman; Apsara, toujours à ses regrets, tantôt pleurant son frère, tantôt essuyant ses larmes aux consolantes paroles d'Anderson, et préparant ainsi peu à peu son âme à recevoir les prochaines révélations du dogme chrétien : car telles étaient les vues pieuses du bon missionnaire. Séparé de Djelma, qu'il s'était accoutumé à regarder comme son fils, il voulait néanmoins lui conserver son dévouement jusqu'au bout, et devenir l'ange gardien de la sœur comme il avait été celui du frère. Apsara écoutait avec recueillement le saint homme qui avait sauvé Djelma d'une mort certaine, et de qui l'amitié pour la famille d'Ario ne s'était jamais démentie.

— Puisque mon frère m'a confiée à vous, disait-elle, je dois vous aimer et vous croire !

Anderson raconta longuement à la jeune fille les diverses circonstances de son pélerinage avec Djelma, et la découverte inattendue qu'il avait faite un jour d'une croix sur le bras du proscrit : cette croix que lui-même y avait tracée trente années auparavant.

— Ce signe rédempteur, que je voulais graver dans son cœur, il luira dans le vôtre, ma fille ! Oui, le ciel mettra, je l'espère, assez de persuasion dans mes paroles pour me permettre d'accomplir l'œuvre souhaitée de votre conversion ! idolâtre d'esprit, vous êtes chrétienne de cœur, et j'aurai peu à faire pour dessiller vos yeux devant les pénétrantes clartés de la religion dont je suis le prêtre. Et quand cette pure lumière aura brillé, ce sera à vous, ma fille, de compléter mon ouvrage et d'éclairer, à votre tour, l'âme de celui que vous appelez votre frère, et que j'appelle mon fils. Cette mystérieuse révélation, qui devait lui venir de moi, lui viendra de vous.

C'est, sans doute, la providence qui l'a ainsi éloigné une seconde fois, qui l'a rejeté de nouveau à une vie errante et proscrite, afin que votre heureuse conversion précédât la sienne, afin que le rayon de grâce passât d'abord par vous pour arriver plus sûrement à lui.

Apsara accueillit avidement l'espoir que lui présentait Anderson. Mais où trouver Djelma? comment se réunir à lui? Qui sait même si la résignation de son départ n'avait pas été l'avant-coureur de sinistres projets? Peut-être, tandis qu'on le croyait fugitif, était-il mort; peut-être un suicide!...

La noble enfant ferma les yeux devant cette pensée qui la glaçait d'épouvante. Mais Anderson, de sa voix persuasive, combattit ses craintes et parvint à les dissiper.

— Non, dit-il: le suicide est l'expédient des âmes faibles; et Djelma, je le connais assez, n'est pas de ces hommes qui se retirent et s'avouent vaincus. La lutte sied à de tels courages; c'est la lutte qu'il leur faut: ils s'y complaisent et s'y retrempent. Je vous réponds de votre frère, Apsara, et je vous dis qu'il est vivant!

Les pressentimens d'Anderson ne le trompaient pas. Djelma vivait, Djelma s'était jeté dans les montagnes de l'est; il y avait rencontré une de ces tribus nomades, fidèles au culte primitif, qui vivent isolées et passent au milieu des populations sans s'y mêler; un de ces groupes d'hommes farouches qui font exception au commun des hommes, et qui se croient chargés d'entretenir, au désert, les restes d'une foi qui se meurt dans les villes: telle est la tribu nommée Béduïs, dont la Thébaïde se trouve dans la résidence de Bantam ; tels sont les hommes qui habitent quelques gorges de montagnes, vers l'extrémité orientale de l'île. Ces rares sectateurs de l'ancien brahmanisme vivent dans les cavernes, se nourrissent exclusivement de fruits et de légumes, comme les Indous, et se défendent pied à pied contre l'envahissement européen.

On conçoit quels liens de sympathie rattachèrent tout d'abord Djelma à ces énergiques montagnards. Il se fit reconnaître à eux comme l'ancien chef des insurgés madourais, et ce fut assez pour lui mériter de leur part un accueil amical et empressé. Il dormit sous leur tente, s'assit à leur foyer, partagea avec eux le pain et le sel. Peu à peu ses hôtes devinrent ses frères. Il y avait entre eux et lui communauté de langage, de croyance et de haine. Il leur communiqua la flamme de son enthousiasme, cet inextinguible feu de rébellion qui le dévorait. L'orgueil, qui s'était tû un instant dans cette âme à la voix d'Anderson, ralluma toutes ses colères et reprit sa première indépendance. Les nouveaux compagnons de Djelma étaient trop peu nombreux pour s'appeler une armée; mais ils pouvaient se joindre à la tribu des Béduïs, et former ainsi un parti redoutable, auquel il ne manquerait qu'un chef. Djelma sourit à l'espoir qu'il serait ce chef, et que la guerre javanaise pourrait recommencer.

On verra prochainement pour quel motif Djelma crut devoir renoncer, en apparence, à son plan de vengeance, et quelles circonstances l'obligèrent à se passer du concours de ses nouveaux amis.

Pour le moment, suivons notre récit.

Le bruit se répandit bientôt à Batavia et à Sourakarta que des bandes d'insurgés s'organisaient dans les provinces de l'est, et que plusieurs d'entre elles avaient déjà remporté de notables avantages. C'est qu'en effet ce qui n'avait été d'abord qu'un espoir, qu'un rêve de colère et d'ambition, n'avait pas tardé à devenir une terrible réalité. La jonction s'était opérée entre les diverses tribus mécontentes, et Djelma, élu d'une commune voix chef de cette troupe, avait pris sur-le-champ ses dispositions, avait déclaré la campagne ouverte, et s'était emparé en quelques jours de plusieurs postes importans.

Lorsque la nouvelle de cette insurrection parvint à Sourakarta, elle y produisit une émotion profonde. La conduite de Djelma fut jugée sévèrement par tout ce qui tenait, de près ou de loin, au parti des dominateurs. Les autres se subdivisèrent en deux fractions distinctes : ceux-ci blâmaient Djelma d'avoir pris une seconde fois les armes, et le trouvaient d'autant plus coupable que, cette fois, ce n'était plus son oncle, mais son père, qui occupait le trône de Java. Ceux-là, les plus exaltés, approuvaient hautement l'action de ce fils qui voulait affranchir son père de la tutelle de Speelman ; et ils applaudissaient à chaque avantage remporté par les insurgés, comme s'il se fût agi de leur propre victoire.

C'est sous la double influence de la crainte et de la colère que lui inspiraient les progrès de ce redoutable ennemi, que l'amiral hollandais se rendit auprès d'Ario, avec qui il eut une conversation, demeurée secrète, à la suite de laquelle le vieil empereur, éperdu et tremblant, fit mander sa fille. Une grande agitation régnait alors dans le palais. Des serviteurs partaient à chaque instant, munis des dépêches de l'amiral, et se dirigeaient en hâte vers le plus prochain port de mer. Aux bruits lointains de l'insurrection se mêlaient d'autres bruits aussi étranges : on se parlait à l'oreille d'armemens prochains, d'une expédition navale que commanderait Speelman en personne, et dont le résultat serait la destruction complète de Djelma et de ses partisans. Une armée de terre combinerait sa marche avec celle de la flotte hollandaise, et exterminerait à l'intérieur ceux des rebelles qui ne seraient pas foudroyés sur les côtes. Mais si l'on savait le nom du général qui devait commander la flotte, on ignorait complètement celui du chef à qui serait confiée l'armée. Selon l'étiquette militaire, ce chef ne pouvait être qu'un prince, et un prince du sang de Matarem. Tout autre choix était impossible : violer l'usage, c'eût été provoquer l'insubordination et le soulèvement des troupes; Speelman le savait bien.

Voici donc ce que l'empereur dit à sa fille Apsara :

— Ma fille, c'est par des sacrifices nombreux et sans cesse renouvelés que j'ai conservé jusqu'à ce jour l'alliance des Européens, cette alliance qui nous devient de plus en plus nécessaire, et que nous sommes aujourd'hui menacés de perdre par la faute d'un insensé que je ne puis plus appeler mon fils...

Apsara fit un léger mouvement, réprimé aussitôt par un geste d'Ario, qui, dominé par une émotion intérieure, ne se sentait pas assez maître de lui pour retrouver sa pensée si une interruption la lui faisait perdre.

— Non, reprit-il, je n'ai pas de fils ! et le sceptre est sans héritier. Je regarde autour de moi, et je me vois seul, et mon isolement m'effraie. Mais il ne s'agit pas de moi : ce sont les intérêts de Java qui m'occupent. Si j'étais Ario seulement, je te dirais : Ma fille, retournons à Samarang, retournons dans notre exil ! Hélas ! combien de fois déjà l'ai-je regretté ! combien de fois me suis-je surpris portant envie à mes malheurs passés ? Mais la royauté impose de rigoureux devoirs qu'il faut subir; elle a des amertumes qu'il faut dévorer. J'ai accepté ce sceptre : il faut que je le porte tant que je serai debout. Imite-moi, ma fille, et sache te dévouer ! Immole ton bonheur, ta joie, ton espérance à venir, si ce douloureux sacrifice t'est jamais demandé !...

Apsara écoutait attentivement et s'alarmait du trouble toujours croissant d'Ario. Celui-ci continua :

— L'heure de nous dévouer est souvent plus proche que nous ne le pensons. Qui m'eût dit, dans ma solitude, que le choix du peuple viendrait m'y chercher ? qui m'eût dit, dans la joie du retour de mon fils, que j'aurais avant peu à le traiter comme un rebelle ? Telle est pourtant la nécessité : l'amiral, aujourd'hui, me reproche avec raison de l'avoir décidé autrefois à l'indulgence; il reproche à ma faiblesse de père d'avoir intercédé pour celui qui nous rapporte aujourd'hui la guerre en échange du pardon qu'il a reçu ! Si Djelma fût parti en exil, s'il eût quitté Java, tout serait calme maintenant; son départ eût assuré la paix, et je n'aurais pas à regretter, (car je le regrette à présent), que le fils de mon frère, le malheureux Koural-Mas, ait été conduit en captivité dans l'île de Ceylan, à la suite de ces journées de deuil qui m'élevèrent au trône. Pourquoi donc une prison pour lui, puisqu'on laissait la liberté à l'autre? Etait-il donc si coupable en le comparant à celui-ci? Devait-on lui faire un crime de sa démence d'un instant, lorsqu'on oubliait la première révolte de Trouna-Jaya, et qu'on l'encourageait, par l'impunité, à en susciter une seconde? Apsara, mon cœur saigne de cet aveu; mais, au moment où je m'effraie de mon isolement, où je cherche à ma droite l'héritier qui me manque, si Koural-Mas, oui lui-même! se présentait à moi tout-à-coup, et qu'il vînt me rappeler ses titres à mon pardon, à mon adoption,... je crois, oui, je crois que son retour ne me serait pas pénible, que sa vue ne me serait pas odieuse... Je crois que, si je le voyais là, repentant, prosterné, me tendant les bras, je lui ouvrirais les miens!..

Ces paroles étaient si inattendues que, Apsara ne put s'empêcher de manifester sa surprise.

— Quoi, mon père! s'écria-t-elle, est-ce bien vous qui parlez? est-ce vous qui excusez, qui défendez l'impiété de Koural-Mas... qui pensez à le nommer votre fils?

— Je pense à accomplir tous les devoirs, tous les sacrifices que mon titre m'impose; et mon premier devoir n'est-il pas d'assurer la tranquillité de mon peuple? Or.. je suis trop vieux et trop débile pour une telle œuvre, qui réclame un bras robuste. Encore une fois, j'ai des soldats, j'ai des courtisans, j'ai de nombreux esclaves... et je n'ai pas un héritier.

— Hé bien! mon père...
— Hé bien, Apsara, ma fille! j'ai pensé à toi...
— A moi?
— J'ai pensé que, pour suppléer au fils qui me manque, la puissance de Dieu pouvait m'envoyer un gendre...
— Qu'entends-je!
— Et ce gendre est déjà choisi.
— Achevez!... quel est-il? où est-il?..
— Je l'attends.
— Il doit venir?
— Aujourd'hui même, ce soir...
— Ce soir!
— Des fanfares annonceront son arrivée, ou plutôt son retour! Ne me comprends-tu pas?..
— Vous m'épouvantez!..
— La foule qui le saluera à son passage n'aura qu'un cri : « Salut au fils des empereurs!» Il s'approche, il vient. Trois pirogues de guerre l'ont été chercher à Ceylan... Il a pris terre hier au port de Grissé...
— Koural-Mas!... Oh! c'est impossible! Vous voulez m'éprouver, mon père? ce n'est pas Koural-Mas que vous attendez...
— Le châtiment a été rude et exemplaire : il est juste qu'à tant de rigueurs succède le pardon. Je rappelle Koural-Mas...
— Lui! cet impie! vous le rappelez?
— Je lui donne ma fille...
— Vous ne ferez pas cela!
— Je l'ai juré : Speelman a mon serment.
— Vous voulez donc que je meure!

— Je veux que tu obéisses...

— Jamais !

— Réfléchis : il y va du salut de tout un peuple. Koural-Mas a encore de nombreux partisans, qui deviendront les miens lorsqu'il m'aura appelé son père... Sa soumission double ma force et prévient une guerre civile : ma fille, il n'y a pas à hésiter.

— Je refuse ! Je repousse cette union ; elle me fait horreur.

— Encore une fois, ma fille, réfléchissez !...

— Le cadavre de mon oncle se place entre cet homme et moi !...

— Ne troublez pas le sommeil des morts ! Mon frère m'approuve du fond de sa tombe : obéissez.

— Je vous supplie ! ne me sacrifiez pas !..

— Koural-Mas va venir : tenez-vous prête à le recevoir.

Ario donna à cette dernière parole un accent si impératif que la résistance de sa fille en fut brisée. Mais, par une réaction subite, l'énergie toute factice qu'il avait déployée jusque-là tomba devant la douleur mortelle de son enfant prosternée et presque évanouie à ses pieds. Redoutant sa propre faiblesse, le malheureux père appela quelques serviteurs, et s'enfuit plutôt qu'il ne sortit de la chambre où cette triste scène venait de se passer.

Ce fut Biadjou-Praho qui entra. A la nouvelle de la prochaine arrivée d'un prince, (car ce bruit s'était promptement répandu dans le palais, et du palais commençait à circuler dans la ville), Biadjou s'était déjà revêtu de son costume officiel de bouffon, véritable habit de gala, tout brodé, tout bariolé, tout lardé de passequilles et de verroteries.

A la vue de la jeune fille renversée et sans mouvement, Biadjou fut pris à la fois de peur et de compassion. Ce dernier sentiment l'emporta sur l'autre. Il s'approcha et releva Apsara, qui commença aussitôt à reprendre ses sens.

Le souvenir des paroles de son père était demeuré présent à l'esprit de la jeune fille ; elle comprit tout d'abord l'horreur de sa situation, et résolut de s'y soustraire, n'importe par quels moyens.

— Est-il vrai, demanda-t-elle au bouffon, qu'un prince soit attendu au palais, qu'il doive arriver ce soir ?

— Cela est vrai, répondit Biadjou. On allume déjà des phares sur le setingel (1) ; on dispose les gardes, on déploie les drapeaux. Vous entendrez bientôt le bruit des clameurs et des tambours.

— Sitôt ! murmura-t-elle en pâlissant...

— Qu'avez-vous, noble fille d'Ario ?

— Rien. Ecoute, Biadjou : m'es-tu dévoué ?

— Comme à l'empereur, votre père et mon maître, oui.

— C'est mon frère qui te recueillit un jour, affamé et vagabond ; tu t'en souviens...

— Et qui me recommanda à vos bontés ; c'est vrai.

— Tu m'appartiens donc ?..

— Ma parole et mon silence, ma pensée et mon bras sont à vous.

---

(1) On donne ce nom à la plus haute plate-forme du palais, celle où le souverain, dans les jours solennels, s'expose aux regards du peuple.

— Aimes-tu l'argent?

— J'aime mieux l'or.

— Tu en auras. En voici déjà : prends.

Elle lui remit une bourse pleine d'or. Les yeux de Biadjou s'allumèrent.

— Prends encore cette ceinture, prends ce voile, et, en échange, donne-moi cet habit...

— Quel habit?

— Le tien.

Biadjou se mit machinalement en devoir d'obéir; mais, au moment de quitter sa belle veste de soie, il s'arrêta tout-à-coup.

— Permettez... ceci n'est pas à moi.

— Comment ?

— Les vêtemens d'un esclave appartiennent à son maître... Je suis l'esclave de l'empereur.

— Donne; je me charge de tout.

— Quel est votre dessein?

— De quitter le palais, de fuir à l'instant même...

— Fuir?... et sous mes habits? y pensez-vous?

— J'ai ta promesse, et tu te tairas.

— Mais si je suis pendu?

— Voilà mon collier.

— Votre beau collier de diamans !

— Passe-le à ton cou.

— En attendant la corde; allons, soit !

Biadjou, que les feux du collier avaient ébloui, ne trouva plus d'objections : il se dépouilla complaisamment de son riche sikapang de velours (1),

---

(1) Vêtement semblable aux jaquettes de Frise : mode im-

bordé de dentelles, de son sabouk de soie, de sa ceinture jaune aux franges rouges, et de son koulouk bleu, surmonté d'une aigrette jaune. La princesse revêtit le costume du bouffon, et quand elle se vit assez méconnaissable :

— Va, dit-elle, devance-moi aux portes du palais ; occupe les gardes par ton babil, tandis que, à la faveur de l'obscurité, j'essaierai de fuir et de gagner la campagne.

Il obéit. Tout ce qu'avait espéré la princesse se réalisa de point en point. Les gardiens du palais se mirent à jouer avec Biadjou, qui les fascina en leur montrant son or. La cupidité en fit des aveugles ; et, tandis qu'ils jouaient comme des insensés, la fille du souverain de Java, la belle Apsara, cachée sous un déguisement infâme, s'enfuyait par la plaine, légère et craintive comme une biche des forêts.

Elle marcha long-temps ; elle marcha toute la nuit. Mais, quand vint le matin, ses pieds, endoloris par la fatigue, refusèrent de la porter. Elle regarda autour d'elle, interrogeant l'espace et demandant sa route aux arbustes et aux buissons qui l'entouraient.

Un nagassari étalait à quelques pas de là son opulent feuillage aux grappes jaunes ; l'angsoka (1)

---

portée à Java par les Hollandais. Le sabouk est une sorte de veste fort ample ; le koulouk est le bonnet arabe, tantôt de soie, tantôt de velours.

(1) Flamma sylvarum peregrina, de Rumphius.

balançait les calices rouges de ses fleurs embaumées.

Apsara demanda tour à tour à l'angsoka, elle demanda au nagassari quel chemin avait pu prendre Djelma le chasseur, son frère bien aimé?

Tandis qu'elle cherchait, qu'elle interrogeait chaque feuille du bois, chaque brin d'herbe du sentier, le bruit de sa voix, le frôlement de son pas fit peur à un jeune lori, nuancé de rouge et d'azur, qui sortit de l'épaisseur du feuillage en secouant ses ailes...

Et alors Apsara, saisie d'un mystérieux pressentiment, se dit :

— Où ira cet oiseau, j'irai. Bel oiseau, conduis-moi !

Le lori voleta de branche en branche, et s'éloigna dans la direction de l'est.

Apsara le suivit....

. . . .

XV

LE VOILE.

On a vu que de nombreux préparatifs avaient été faits pour recevoir Koural-Mas. Vers la fin de la journée des éclats de trompettes annoncèrent sa venue : Speelman fit tirer le canon des forts, auquel répondit une acclamation unanime.

Car tel est le peuple : comme il avait salué de ses malédictions la chute du fils impie, il saluait aujourd'hui son retour avec des clameurs d'allégresse ; il se portait au-devant de lui avec des branches de palmiers et des corbeilles de fleurs.

Lorsque Koural-Mas, dont le cœur était ulcéré de haine, vit accourir cette foule empressée et servile, il sourit amèrement.

— Bien! se dit-il; voilà un loyal enthousiasme et un digne peuple, par Allah! Ces braves gens, parce qu'ils sont dépourvus de bon sens, me croient-ils dépourvu de mémoire? Pensent-ils donc que l'exil a calmé mon ressentiment! Non, non, mes bons Javanais! Je reviens de Ceylan, l'île terrible dont vous avez oublié le nom, et qui s'appelait Lanka! J'en reviens comme Rawana, le grand ancêtre, aux dix bras toujours armés!! et vous vous apercevrez bientôt de ma présence, vous qui vous applaudissez de mon retour!

Il se parlait ainsi tout en les remerciant du geste et du sourire. Son visage restait paisible et ne laissait rien voir des convulsions de son âme.

Tout-à-coup, porté sur une magnifique litière, au milieu d'une resplendissante confusion d'hommes et de chariots, il vit paraître l'empereur! Le vieil Ario, qui d'abord avait attendu sur la plate-forme du palais (celle qu'on nomme le setingel), s'était ensuite décidé, sur les observations de Speelman, à aller au-devant de Koural-Mas, pour lui offrir le vin de palmier et le bétel d'honneur.

C'est au moment de monter en litière qu'on vint lui annoncer la disparition de sa fille.

Cette nouvelle le frappa de stupeur. Il trembla, chancela, devint pâle comme la mort. Puis il appela ses serviteurs, et les questionna lui-même, promettant une forte somme à qui lui ramènerait Apsara saine et sauve.

Quand ce fut au tour de Biadjou-Praho de s'approcher, l'empereur remarqua que son fou n'avait plus le costume de son emploi :

— Qu'est devenu ton sabouk de soie? qu'est devenue ta défroque de bouffon?..

— Seigneur, répondit Biadjou balbutiant...

— Voyons, fils d'esclave, réponds vite, qu'en as-tu fait ?

— Seigneur, seigneur... j'ai joué mes habits... je les ai perdus.

— Qui te les a gagnés ? parle !

— Un esclave malai, de la suite du prince Koural-Mas...

— Mais Koural-Mas n'est point encore arrivé.

— Seigneur, voici ses trompettes qui l'annoncent.

En effet de larges spirales de poussière s'élevaient sur les chemins, et le cri des fanfares devenait de plus en plus distinct. Speelman dit quelques mots pressans; la confusion du moment était telle qu'on ne laissa pas à la douleur d'Ario le temps de délibérer. Le pauvre père fut porté plutôt qu'il ne monta dans la litière impériale.

Lorsque l'oncle et le neveu furent à portée de la voix :

— Vivez de longs jours, noble Ario! s'écria Koural-Mas mettant pied à terre et se prosternant.

— Vivez de longues années! lui répondit Ario.

Mais, en relevant la tête, Koural-Mas vit des larmes qui ruisselaient le long des joues et inondaient la barbe et la poitrine de l'auguste empereur.

— Quel chagrin si violent vous a navré, seigneur? demanda Koural-Mas. Votre contenance est embarrassée ; la sueur mouille votre front redoutable, et les angles de votre bouche tremblent comme au souffle d'une tempête intérieure !..

Ario ne répondit pas, car les larmes le suffoquaient.

— Est-ce donc mon retour qui vous rend le cœur si amer ? poursuivit Koural-Mas. Mais alors pourquoi cette acclamation, cette pompe, ce cortége, cet accueil glorieux? Je ne mérite pas tout cela sans doute : mais on vous a assuré de ma soumission, de mon profond repentir... Ce n'est pas en prince que je viens : c'est en fils, en sujet respectueux qui demande grâce pour le passé... Ce n'est pas le triomphe que je veux : c'est votre pardon !...

Quelques mots entrecoupés lui apprirent alors la disparition d'Apsara.

Il tressaillit et se leva brusquement. L'expression de son visage était complètement changée : le petit-fils d'Agoung-le-Cruel, un instant caché sous le masque d'une humilité feinte, se révéla de nouveau tout entier.

— Disparue, dites-vous! c'est-à-dire enlevée !... gronda-t-il d'une voix rauque... Et vous n'avez que des larmes pour cet outrage! quand il faudrait courir, quand il faudrait armer tous vos serviteurs ?..

— Hélas! fit Ario, dont les sanglots redoublaient...

Mais si la figure sinistre de Koural-Mas avait la couleur et l'âpreté du fer, son cœur avait la dureté du caillou poli par l'eau des pluies. Il fut sans pitié pour le père éploré, et continua avec une colère toujours croissante :

— Que la douleur et la plainte soient pour vous; l'outrage et la vengeance seront pour moi! Faites venir tous vos serviteurs.

— C'est inutile, répondit Ario : personne ne l'a vue fuir.

— Maudit soit Djelma! maudit soit le rebelle qui nous met de nouveau les armes à la main !

— Vous le soupçonnez?..

— Je l'accuse! Je veux le joindre, le combattre et le faire mourir long-temps! Vous m'accompagnerez, amiral !

Tout-à-coup le vieillard se souvint de ce que lui avait dit Biadjou-Praho :

— N'avez-vous pas envoyé tantôt quelqu'un de de votre suite pour vous annoncer? demanda-t-il à Koural-Mas.

— Non...

— Pas même un esclave ?...

— Je n'ai envoyé personne.

— Tu mentais donc impudemment tout à l'heure! s'écria l'empereur en cherchant autour de lui...

Mais Biadjou-Praho avait disparu.

On fouilla le palais; on envoya des hommes à cheval dans toutes les directions : tous revinrent sans avoir pu retrouver le bouffon.

Maïsha, la nourrice d'Apsara, ne put donner aucuns renseignemens, ni sur la disparition de la jeune fille, ni sur celle de Biadjou-Praho. Ces deux circonstances se liaient dans l'esprit soupçonneux de Koural-Mas. Il interrogea, il tortura vainement cette malheureuse, qui à toutes les questions n'opposa bientôt qu'un silence absolu.

Impatienté, irrité de cette résistance, il étendit l'esclave à ses pieds d'un coup de kandjiar.

Les recherches continuèrent. Elles allèrent jusqu'à Anderson, qui se vit accuser de complicité dans le prétendu crime de Djelma.

Le vénérable missionnaire déclara simplement la vérité : qu'il se regardait comme l'ami, comme le père de Djelma, mais qu'il ignorait sa retraite; qu'il avait tenté de convertir Apsara à la foi chrétienne, mais qu'il ignorait sa fuite, et la désapprouvait.

Koural-Mas interrompit les nobles paroles d'Anderson avec un ricanement de doute :

— Tu dis que tu ignorais ?.. Nous allons le savoir !

Il fit saisir le vieillard, dont les mains furent garrottées de chaînes; puis, avec dérision, il reprit :

— Tu es libre maintenant; tu peux partir ! Je te donne trois jours pour retrouver celui que tu appelles ton ami et ton fils, celle que tu aimes comme ta fille... car l'une est allée chercher l'autre, tu le sais bien. Marche, vieillard ! on va t'accompagner. Si le soir du troisième jour mes soldats, qui te suivront, n'ont pas découvert la trace des coupables, ils reviendront sans toi, après t'avoir mis hors d'état de continuer le voyage sans eux !

Le visage du saint missionnaire resta impassible.

— Encore une fois, tu es libre; et souviens-toi que si tu nous trompes, tu marches à la mort.

— Anderson leva les yeux au ciel, et répondit :

— Tout chemin conduit à Dieu !

Puis il sortit avec son escorte, résigné comme un martyr, calme et imposant comme un triomphateur.

Cependant le bruit de la disparition d'Apsara s'était rapidement répandu dans les environs. Les courriers de l'empereur publièrent partout cette nouvelle à son de trompe, et promirent une riche coupe ciselée, en or fin, à celui qui ramènerait la princesse dans les bras de son père, ou qui pourrait dire ce qu'elle était devenue.

Biadjou-Praho, qui s'était enfui emportant non-seulement la bourse pleine d'or que lui avait donnée Apsara, mais encore le voile, la ceinture et le collier de la princesse, eut la coupable pensée de gagner la récompense promise. Retrouvant ses premiers instincts, qui le poussaient, on s'en souvient, au mensonge et au vol, il se rendit dans la forêt la plus proche et déchira le voile aux branches des buissons. Puis il prit la ceinture et l'ensanglanta avec le fruit écrasé du mangou. Puis il traîna le tout dans la poussière jusqu'à ce que voile et ceinture ne fussent plus que deux lambeaux presque méconnaissables.

Cela fait, il revint effrontément au palais, et demanda à voir l'empereur.

On l'introduisit auprès d'Ario, qui, le front incliné dans ses mains, répandait des larmes amères...

Dès qu'il eut reconnu la voix de son bouffon, Ario leva la tête :

— Impudent menteur! s'écria-t-il avec colère, te voilà donc! Je devrais te faire mourir sous les verges! mais patience : tu seras livré aujourd'hui à Koural-Mas, et demain au tigre! Si tu as une âme, recommande-la au prophète!

— Vous êtes un puissant maître, seigneur! répondit Biadjou en se prosternant, et vous pouvez faire de moi ce qu'il vous plait.

— Qu'as-tu à me dire encore ?

— Je... je vous apporte des nouvelles de votre fille.

— De ma fille!... parle! Est-ce bien vrai ? Ma fille, que je pleure, ma chère Apsara !... Tu sais où elle est ? Tu l'as vue ? Par le grand Etre, si tu dis vrai, le calice d'or t'appartient, et je te fais grâce des châtimens que tu as mérités.

— J'ai votre serment, seigneur ?

— Oui ; mais ma fille.. ma fille.. parle!

Sans répondre, Biadjou-Praho étale aux yeux du pauvre père les vêtemens souillés d'Apsara : la ceinture sanglante et couverte de poussière, et le voile, triste lambeau!.. Ario reconnut tout cela et ne poussa qu'un cri :

— Ma fille est morte !

Et il tomba à terre, de tout son poids, comme un chêne qu'on renverse.

Les remords assaillirent alors le cœur du misérable bouffon. Il se repentit de la détestable action qu'il venait de commettre : mais la peur combattit et fît taire sa conscience. Ajoutons que, de la bourse et du collier que lui avait remis Apsara, il ne lui restait maintenant ni un diamant ni une pièce d'or : le jeu avait tout dévoré.

Lorsque Ario reprit l'usage de ses sens, il se

souvint de tout le passé comme d'un rêve. Où est ma fille ? telle fut sa première question ; et il fallut encore lui montrer les vêtemens d'Apsara pour lui faire croire à la mort de l'enfant qu'il avait tant aimée.

Quand il ne lui fut plus possible de douter, il se prosterna le visage contre terre, comme eût pu le faire le dernier des sujets de son empire. Il s'abaissa, le maître ! il s'humilia, le puissant ! et les larmes recommencèrent à pleuvoir de ses yeux, plus pressées et plus abondantes.

Il s'écria dans sa douleur :

— «Où est ma joie ? où sont mes os ? où est le sourire de ma vieillesse ?

» Un tigre de nos forêts, une bête immonde, une panthère maigre et affamée a tout dévoré !

» Homme ! à qui appartiens-tu ? homme ! d'où viens-tu ?

» Pour que cette enfant te fût ôtée, il fallait donc que la colère divine fût bien lourde sur ta tête ! Et pourtant tes peuples t'appelaient : Ario l'auguste ! Ario le juste ! Ario le miséricordieux !

» Les femmes et les enfans et les vieillards te bénissaient !

» Les guerriers te saluaient au passage, en frappant sur leurs boucliers.

» Oh ! plus de clameurs ! plus de saluts ! plus de joie maintenant ! Le fiel a passé dans mon cœur et l'a rempli d'amertume. La goutte d'eau vacille et glisse sur la feuille du lotus : telle, et moins solide encore, est la vie humaine !..

» Oh ! vivre au pied d'un arbre, avoir la terre pour lit et une peau pour vêtement ! La pauvreté sied à la douleur : je veux vivre pauvre et seul !

» Ne plaçons pas notre affection la plus chère sur une seule tête, car cette tête sera foudroyée.

» Oh ! sitôt née ! sitôt morte ! pauvre colombe blanche ! Enfant que sa mère a portée si longtemps, et qui, un jour, est venue me sourire, et que j'ai bercée moi-même de cette main royale en lui chantant le Lullaby, cette chanson qui fait dormir !

» Oh ! oh ! j'ai le cœur bien amer ! Le temps se joue de mes espérances. L'âge fuit. Il est bien tard pour vivre seul, lorsqu'on a le corps chancelant, la tête grise et la bouche privée de dents ! Qui me sourira maintenant ? qui me consolera ?

» Toute ma joie est partie : me voilà en face de la mort. J'ai perdu le sourire de ma vieillesse ».

Parlant ainsi, le père éploré se roulait à terre et se meurtrissait la poitrine. Ses longs cheveux blancs épars allaient et venaient dans la poussière.

Une seconde fois, Biadjou-Praho se sentit pénétré de remords; et il allait déclarer son imposture lorsque le bruit des trompettes de Koural-Mas le rappela au souci de sa propre conservation. En même temps il réfléchit qu'Apsara, exposée par sa fuite à une foule de dangers, pouvait être morte, en effet, et que l'odieux mensonge devenait dans ce cas une réalité.

Il resta donc silencieux devant le désespoir d'Ario; et quand les sanglots du pauvre père se furent un peu calmés :

— Qu'ordonnez-vous, seigneur, de votre esclave? demanda-t-il timidement.

Ario ne répondit pas, et fit remettre à Biadjou la coupe d'or promise.

— Et maintenant, seigneur, ai-je ma grâce?

L'empereur se souvint de son serment et fit grâce au bouffon.

XVI

LE COMBAT DU TIGRE.

I

Lorsque la funeste nouvelle de la mort d'Apsara se répandit dans la ville, elle y jeta la consternation. Tout se préparait déjà pour des fêtes solennelles en réjouissance du retour de Koural-Mas. On disposait autour de la vaste enceinte de l'Aloun-Aloun les gradins circulaires sur lesquels devait s'entasser la foule pour jouir du spectacle national du combat de tigres ; on recrutait de toutes parts les meilleurs comédiens pour représenter devant le prince et les grands rassemblés les lamentables aventures de Pandji, le héros favori de l'histoire de Java (1). Mais le deuil du souverain menaçait de rendre ces apprêts inutiles. Nul n'était disposé à se réjouir en présence de cette grande affliction.

Koural-Mas fut le seul qui, soupçonnant la sincérité de Biadjou, ne crut pas devoir par-

---

(1) Ce divertissement dramatique est le toping, proprement dit, dont tous les personnages sont masqués, excepté lorsque les représentations ont lieu devant le prince : dans ce dernier cas les personnages ne portent point de masques et récitent eux-mêmes leurs rôles. En général, c'est le dalang, ou chef de la pièce, qui récite le dialogue, tandis que les acteurs exécutent les scènes par des gestes. La musique du gamelan accompagne et varie ses expressions selon la nature de l'action et les divers sentimens dont les acteurs sont animés. L'amour et la guerre sont les thêmes constans de toutes les pièces; les combats entre les chefs terminent souvent l'action et ressemblent souvent à nos ballets.

Les représentations théâtrales ont lieu sous une sorte de hangar ouvert, autour duquel se rangent les spectateurs. Les acteurs sont richement habillés, à la mode du pays. Les rôles de femmes sont remplis par des jeunes gens qui se couvrent le visage de masques blancs assez bien sculptés. Il y a des masques sérieux et des masques bouffons. Singulière rencontre, sur un théâtre javanais, que celle de ces masques qui servaient aux jeux scéniques des Grecs et des Romains!

Les pièces représentées sans masques, devant le souverain, ont plus de perfection que les autres. — Un toping est généralement composé de dix personnes, outre le dalang : quatre jouent du gamelan, les six autres sont les acteurs. — On représente souvent des bouffonneries : un chien, un singe, un idiot, font les frais de la scène, et excitent le rire des spectateurs.

Il existe aussi une espèce de pantomime appelée baroun-

tager la tristesse générale. Il fit venir le bouffon, et lui parla ainsi :

— On m'a dit, misérable esclave, que tu veillais

---

gan ; les personnages sont travestis en bêtes féroces, et exécutent des combats. Ce genre d'amusement est ordinairement accompagné du gong et du tambour.

Enfin les Javanais sont grands partisans des marionnettes et du spectacle appelé chez nous Ombres chinoises. Ces sortes de scènes, indistinctement, s'appellent wayangs. Les sujets en sont ordinairement pris dans les premiers temps de l'histoire nationale, avant la destruction de l'empire de Madjapahit.

Les figures qui produisent les ombres ont dix-huit pouces à deux pieds environ de hauteur. Elles sont en cuir de buffle, dessinées et travaillées avec beaucoup de soin, la plupart grotesques, et portant le nez démesurément long.

Ces figures sont attachées par un clou de corne. On leur fixe également un morceau de corne à chaque main pour les faire mouvoir. Une étoffe blanche, en forme de rideau, est étendue devant les spectateurs, sur un cadre de dix à douze pieds de long sur cinq pieds de haut. On le rend transparent au moyen d'une lampe suspendue par-derrière. Le gamelan commence la représentation ; les figures gesticulent les scènes, et le dalang prononce le dialogue.

On compte trois espèces de wayangs, savoir : le wayang-pourwa, le wayang-gedog, et le wayang-klitik.

Dans le wayang-pourwa, les plus anciens de tous les sujets sont puisés dans la mythologie, avant le règne de Parikisit et jusqu'à ce prince. Les dieux, les demi-dieux et les héros de Java et de l'Inde sont mis en action, selon les poèmes de Rama et de Mintaraga, contenant la pénitence d'Ardjouna sur le mont Indra, et le fameux Brata-Youddha, ou guerre sacrée des pandâwas et des courâwas.

Le dalang récite d'abord quelques vers en kawi (langue savante), qu'il accompagne d'une interprétation pour les personnes illettrées. Il fait paraître les acteurs derrière le rideau : on voit l'ombre de leurs costumes ; les spectateurs sont pénétrés du sujet, s'y intéressent et écoutent en extase,

aux portes du palais lorsque la princesse s'est enfuie? Cela est-il vrai ?

— Cela est vrai, seigneur, balbutia Biadjou tremblant de tous ses membres.

---

pendant des nuits entières, l'histoire merveilleuse de leurs ancêtres.

Le wayand-gedog est pris dans la période de l'histoire depuis Parikisit jusques et y compris le règne de l'infortuné Pandji et celui de Laléan, son successeur, à l'époque du rétablissement de ce dernier à Pajajaran. Le gamelan-pelag (c'est-à-dire réduit à un certain nombre de notes aiguës) accompagne la représentation. Le dalang récite le poème en javanais vulgaire.

Quand au wayang-klitik, c'est plutôt un jeu de marionnettes que d'ombres chinoises. Les figures en sont de bois, de dix pouces de hauteur environ, peintes et dorées avec soin. On ne se sert point de rideau transparent. Le sujet est puisé dans l'histoire de l'empire de Pajajaran, et jusqu'à la fin de l empire de Madjapahit. Les aventures de Manak-Jing'ga, chef de Balembang'an, et de Demar-Woulan (lumière de la lune), ainsi que les malheurs d'une princesse de Madjapahit, sont le plus communément mis en scène.

Toutes ces représentations entretiennent la connaissance de l'histoire nationale parmi le peuple javanais, qui est aussi avide de ces amusemens que nos peuples d'Europe sont avides de spectacles.

La profession de dalang est traitée avec respect. Leur emploi ressemble, sous plusieurs rapports, à celui des anciens bardes. Ils sont les auteurs et les directeurs de leurs pièces. La fonction, qui leur est confiée, de donner la bénédiction au premier enfant de chaque famille, en répétant divers passages des anciennes légendes, ajoute un haut degré de considération à l'emploi de dalang.

Nous n'avons pas parlé d'une quatrième espèce de wayang appelée wayang-beber, lequel consiste en un assemblage de feuilles pliées, de fort papier, sur lesquelles le sujet est dessiné. Le dalang en donne l'explication pendant qu'on déploie les feuilles. Le sujet est pris dans le récit arabe de Bagin-Ambia. Un tambour et la musique du gamelan animent l'action.

— On m'a dit, poursuivit Koural-Mas, que tu avais ce jour-là perdu au jeu jusqu'à tes vêtemens? Cela est-il vrai?

Le bouffon inclina la tête.

— Et tu as audacieusement soutenu que c'était quelqu'un de ma suite qui te les avait gagnés... Disant cela tu mentais.

Biadjou voulut répondre : mais son regard incertain rencontra l'inexorable regard de Koural-Mas; ce qui le rendit incapable d'articuler un seul mot de justification.

Son terrible interrogateur continua.

— Non-seulement tu mentais alors, mais tu as menti depuis en venant annoncer à l'empereur une fausse nouvelle; je veux parler de la mort d'Apsara..

— Seigneur... je... vous jure...

— Allons, avoue que ta cupidité t'a poussé à ce mensonge, et qu'il n'est pas vrai que la princesse soit morte... C'est une odieuse fable de ton invention...

— Votre Altesse peut-elle......

— Mon Altesse te fera arracher la langue et couper les oreilles si tu ne déclares ton imposture à l'instant même. Ecoute: l'empereur t'a accordé ta grâce; il t'a donné la coupe d'or. Je suis homme à ne pas révoquer l'une et à te laisser l'autre... mais à une condition...

Un reflet d'espoir parut sur le visage décomposé du malheureux fou.

— Ah! reprit Koural-Mas, voilà un mot qui te ressuscite! A une condition, disais-je; et la voici : c'est que tu te tairas sur notre conversation; c'est que la princesse restera morte, puisque tu l'as tuée, jusqu'à ce que je t'ordonne, moi, de la faire revivre,... ce qui ne sera pas difficile, n'est-ce pas ?... Ne me regarde pas ainsi d'un air effaré, et retiens fidèlement mes paroles. J'ai besoin que ce bruit imposteur s'accrédite pendant quelque temps... Tu sais où est Djelma...

— Je le le sais ? moi ! exclama le bouffon pâlissant...

— Va le trouver. Annonce-lui la mort de sa sœur, comme tu as appris à l'empereur la mort de sa fille. Tu peux être de retour demain au soir, avant le coucher du soleil. Tu reviendras pour assister au combat du tigre. La multitude y sera. Tu chercheras parmi les spectateurs : si Djelma s'y trouve, tu me l'indiqueras dans la foule; et ta vie est sauve à ce prix. S'il ne s'y trouve pas, c'est que tu es décidément un traître, et je te fais prendre et couper en vingt morceaux.

Biadjou écoutait avidement chacun de ces mots formidables, et, ne pouvant se soutenir sur les genoux, s'appuyait maintenant sur les mains...

Le caractère inflexible de Koural-Mas lui était connu, et il savait qu'une menace sortie de la bouche d'un tel homme, c'était la lame du poignard sortie de la gaine.

— M'as-tu compris ? dit encore Koural-Mas.

— Oui... oui... bégaya Biadjou éperdu.

—Alors lève-toi, et va-t'en; et ne tente pas de t'échapper de l'île : le bras de l'amiral s'étend partout, et tu serais ramené aussitôt que parti. Adieu, jusqu'à demain au soir, au coucher du soleil.

Le bouffon prononça quelques mots inintelligibles, et s'éloigna d'un pas mal assuré, comme un homme ivre, se souvenant à peine de ce qu'il venait d'entendre, et ne sachant au juste où il allait.

II.

S'il est un spectacle que les habitans des îles de la Sonde recherchent avec passion, c'est assurément celui des combats de tigres et de buffles. Les Javanais surtout se portent à ces terribles solennités comme les Espagnols aux courses de taureaux. Or le buffle de Java n'a rien à envier au taureau de Madrid ou de Séville, qui lui est inférieur en taille, en force et en courage.

Les jeux sont variés de la sorte : c'est tantôt le combat du tigre et du buffle, tantôt la mort du tigre au milieu d'un carré de piques (rampok); puis enfin, c'était autrefois (mais seulement dans des circonstances particulières) la lutte du tigre contre un homme, ordinairement un criminel, auquel l'empereur remettait un anneau, gage de pardon en cas de victoire. Ce dernier spectacle, qu'on croyait tombé en désuétude, a été offert une fois, de nos jours, en 1812 : le témoignage de M. Crawfurd en fait foi (1)

A l'époque où l'on a transporté ce récit, les vieilles coutumes étaient dans toute leur vigueur;

---

(1) Voici quelques détails plus circonstanciés sur ces trois sortes de combats :

« Le combat du buffle et du tigre offre un spectacle assez curieux. Grâce à la précaution que l'on prend d'affiler les cornes du buffle, c'est toujours lui qui est vainqueur. Le tigre, d'ailleurs, a peur d'un adversaire qui se présente en face. Pour qu'il soit hardi et aggresseur, il faut qu'il ait l'occ'est-à-dire que l'homme accusé d'un crime combattait fréquemment le tigre, afin de prouver son innocence. C'était là un appel suprême : le criminel était absous par cela même qu'il était vainqueur. Toutes les nations ont eu ainsi leur jugement de Dieu.

Pour le moment, Sourakarta ne se préparait qu'à un simple assaut de tigres et de buffles : amu-

---

casion de surprendre son ennemi par-derrière ou à l'improviste. Aussi, quand on veut le lancer contre le buffle, souvent, au lieu de sortir de sa cage, se pelotonne-t-il tremblant dans un coin ; et alors il faut avoir recours, pour lui faire quitter la place, à une foule de moyens violens, aux aiguillons, aux tisons allumés, à l'eau bouillante...

» D'autres fois, des princes indigènes se donnent le spectacle d'un rampok-matjan. Au lieu de lancer l'animal contre un buffle, on ouvre sa cage au milieu d'un carré de deux ou trois mille hommes armés de piques, qui forment ainsi comme un mur de fer acéré. Le tigre tourne dans l'intérieur de l'enceinte ; puis, stimulé par les cris de la foule, il cherche à s'élancer par-dessus la tête des guerriers. Il est rare que, dans ce bond, il ne s'enferre pas lui-même.

» Enfin M. Crawfurd rapporte qu'en 1812 deux criminels furent condamnés à combattre le tigre, par ordre du sultan de Djockjokarta. On donna à chacun d'eux un kriss dont la pointe était émoussée ; puis on ouvrit une cage d'où un tigre s'élança. Le premier des deux champions fut bientôt terrassé ; mais le second, après une lutte de deux heures, eut le bonheur de tuer le tigre, en le frappant plusieurs fois sur la tête, sous les yeux et sous les oreilles. Le vainqueur non-seulement obtint sa grâce, mais encore il fut promu au rang de mantri (gouverneur de canton).

» Cet usage de forcer les criminels à combattre les tigres est aussi ancien que la dynastie de Matarem ; mais il a été aboli par des traités, ainsi que la mutilation et la torture... »

(D. DE RIENZI. Océanie. — DUMONT-D'URVILLE. Voyage pitt. autour du monde.)

.sement qui tenait le milieu, dans l'estime populaire, entre le simple rampok-matjan, cité plus haut, et la terrible joûte humaine.

On avait fait venir de grands buffles de la province de Sourabaya et de l'île de Madouré. On avait disposé en arène la principale place de la ville, autrement dit l'Aloun-Aloun, seul emplacement qui convînt pour une solennité de ce genre. Le champ de bataille était digne des combattans. Qu'on se figure l'immense cirque, environné de barrières et de gradins; de distance en distance, des piédestaux supportant les statues colossales des héros que célèbre le Ramayana; en avant du palais, le large escalier qui conduit à la plate-forme du setingel, et aux deux côtés duquel on a construit deux galeries ouvertes, élevées sur doubles rangées de piliers, et magnifiquement décorées de peintures et d'arabesques. Ces deux galeries ou tribunes, auxquelles on donne le nom de mendopos, sont destinées aux pandjérans, adipati, bapatis, et autres dignitaires de l'empire. La foule des courtisans et des serviteurs couvre les marches du grand escalier.

Trois siéges d'honneur dominent la plate-forme: celui du milieu, qu'occupe l'Empereur; un peu plus bas, à droite, celui de Koural-Mas; le troisième, vide et couvert d'un voile : c'est celui d'Apsara.

La fête eut lieu le surlendemain du départ de Biadjou. Dès le matin l'air retentissait du bruit des instrumens. Les accords du srouni (sorte de haut-bois) se mêlaient aux sons vibrans de la trawangsa (guitare) montagnarde. Des conducteurs d'orchestres, munis de leur rebab ou rebec persan à deux cordes, se dirigeaient, escortés de leurs musiciens, vers le lieu de la cérémonie. Sur leur passage la foule s'empressait et dansait de joie, en chantant le thème connu de la symphonie (sakaten) qu'on allait exécuter devant le monarque. Des troupes de ronguines (danseuses) richement parées se rendaient tumultueusement sous les tentes où devait être dansé le tendak de réjouissance après la défaite de l'un des combattans ou de tous deux. L'aspect de Sourakarta était étrange en ce moment : on eût dit une irruption d'insensés par les rues et sur les places publiques. Si profondément affligé que fût ce peuple de la douleur de son monarque, il avait saisi avidement l'occasion de se distraire de son deuil. Au premier son de trompette, au premier coup de gong (1), tout avait été oublié.

Dans l'ombre, adossé contre l'une de ces statues colossales de héros ou de demi-dieux qu'on avait placées de distance en distance; perdu dans les plis pressés de cette foule accourue de tous les points de l'empire, était un jeune homme, de taille fière et élancée, revêtu du costume des montagnards. Il portait au côté droit la flèche pointue, au côté gauche l'arc flexible dont parle le poète de Rama (2), « et qui résonne, quand on le détend, » avec un bruit semblable à celui d'un tonnerre » éloigné. » Ses fortes mains étaient croisées sur sa poitrine, et ses yeux étaient fixés sur la place vide et couverte d'un voile qui, au milieu de cette

---

(1) Tam-tam.
(2) Valmîki, auteur du Ramayana.

fête, rappelait aux assistans le deuil paternel d'Ario.

Tout-à-coup le signal retentit. Au bruit mille fois répété du gom-gom, aux cris et aux applaudissemens unanimes de la multitude, un buffle fut lâché dans l'arène. C'était un de ces robustes animaux que nourrissent les marécages de Sourabaya. On lui opposa un tigre aux flancs amaigris. Les deux adversaires broyaient le sol sous leurs bonds superbes et jetaient le feu par les naseaux.

Mais leur courage ne réalisa pas les promesses de leur belle mine. Arrivés face à face, tous deux furent saisis à la fois d'une indicible épouvante ; ils reculèrent l'un devant l'autre ; le buffle abaissant la tête et présentant ses cornes, le tigre rampant sur le ventre, et faisant entendre des rugissemens étouffés.

Ce que voyant la populace, elle jeta un cri d'insulte et de défi aux combattans qui hésitaient. Les hommes placés aux palissades lancèrent au tigre des épieux pointus, des faisceaux de paille enflammée; ils versèrent sur la peau du buffle une dissolution de piment (capsicum), et le provoquèrent à coups d'orties : cela dura environ une demi-heure; mais ce fut en vain. Les animaux intimidés reculèrent obstinément jusqu'à la première rangée de bambous serrés qui garnissaient l'enceinte.

Alors Koural-Mas se prit à rire, et dit à haute voix :

— Par Celui qui est! voilà des bêtes bien lâches ! J'ai quelquefois chassé, dispersant les troupeaux de cerfs mâles réunis dans les plaines, éveillant le blaireau endormi dans sa tanière, effrayant les chèvres sauvages, qui se sauvaient de cime en cime, ou forçant le lièvre à travers champs... mais jamais cerf n'a eu peur comme ce buffle! jamais timide gazelle n'a reculé comme ce tigre! cela est indigne et piteux en vérité! Que vous faut-il donc animaux couards, pour vous donner du courage? Qui te décidera, tigre dégénéré, à battre tes flancs de ta queue nerveuse? — Hé! maudit! je te deviné! la chair de ce buffle te semble une nourriture trop grossière pour un appétit royal; et tu attends mieux que cela, n'est-ce pas? Eh bien!...

Ici Koural-Mas éleva la voix au-dessus des bruits de la foule.

— Hé bien! qui donc s'offrira à combattre le tigre? N'est-il pas un montagnard ici, pas un chasseur de bonne race, qui veuille défier l'appétit de cet affamé? S'il existe un homme résolu, qu'il se présente!

A l'appel imprévu de Koural-Mas, toute cette multitude fut frappée d'immobilité et de stupeur...

En ce moment Biadjou-Praho, qui, tout perdu qu'il paraissait dans la foule, était visible pour Koural-Mas, Biadjou-Praho fit un signe; les yeux du prince brillèrent d'une joie féroce. Il reprit, en ricanant:

— Personne donc n'affrontera ce tigre? Je vous croyais plus prompts à accepter un défi! Vous êtes des hommes sans courage et sans vertu, faits pour filer le coton et tisser la toile, et non pour porter l'arc et la flèche des guerriers! Allez récolter votre riz et vos ignames, et ne venez pas assister à des spectacles qui ne sont pas faits pour vous!... Lorsque Rawana, le grand ancêtre, allait à la rencontre de Rama, il bondissait de fureur, son pied frappait la terre, son essor était rapide comme celui du faucon ! Il criait, et sa voix appelait la guerre, et ses dix bras levés défiaient, du même geste, tous ses ennemis !! Aujourd'hui quelle différence ! vous voilà tous immobiles et muets ! et cependant ceci est une fête funèbre : c'est la mort de la fille de votre empereur, la mort d'Apsara qu'il s'agit d'honorer !...

Un cri terrible interrompit Koural-Mas. En même temps un homme s'élança, franchissant la palissade, dans l'enceinte du combat.

C'était le chasseur, au costume de montagnard, qu'on a vu tantôt appuyé contre une statue ; c'était lui qu'un geste imperceptible de Biadjou-Praho avait désigné tout-à-l'heure à Koural-Mas...

— Morte ! s'écria-t-il en pleurant. Morte ! c'est donc vrai ! J'en doutais encore ! Oh ! puisqu'on l'a tuée, qu'on me tue aussi ! Je puis tout braver, je puis combattre le tigre maintenant !

Des esclaves s'emparèrent du montagnard, qui fut immédiatement conduit devant l'empereur.

Celui-ci, qui avait ramené un pan de son manteau sur son visage pour n'être pas distrait de sa douleur, ne vit pas d'abord l'homme qui s'agenouillait au pied de son trône. Mais, quand Koural-Mas lui eut dit que ce malheureux voulait combattre le tigre, et avait sans doute quelque grâce à demander, Ario leva la tête :

— Qui que tu sois, dit-il, toi que le désespoir pousse au suicide, regarde ton souverain, et apprends à souffrir...

Puis, reconnaissant les traits du montagnard, il jeta un cri de surprise.

— Djelma !

— Oui, maître, je suis Djelma, répondit le chasseur. Docile à vos volontés, j'étais parti. Mais la colère et la douleur sont venues me chercher au fond de ma retraite. On m'a dit que l'impie était de retour, et qu'il allait épouser ma sœur. Alors je me suis armé, et je suis venu. On m'a dit aussi que ma sœur était morte; et j'ai douté d'abord : mais ce grand concours de peuple, ces jeux funèbres, cette place vide, votre visage pâli par l'insomnie et mouillé de pleurs !... On m'a dit vrai, je le vois : Apsara est morte; l'arc et les flèches que voilà me sont inutiles.

Djelma jeta son arc et ses flèches à terre, d'un air découragé.

— Ne disait-on pas tout à l'heure qu'il fallait un homme à ce tigre?

— Oui, répondit Koural-Mas.

— Alors ouvrez les barrières.

— C'est donc la mort que tu cherches? dit Ario...

— Pourquoi non? mon âme est noyée d'amertume; mon âme est semblable au port de Samarang, encombré par la vase ! Pourquoi vivrai-je? J'ai brûlé ma cabane de montagnard; j'ai brisé ma lance de soldat; j'ai oublié mes filets de chasseur à quelque lisière de bois. C'est que je ne comptais plus revoir ma cabane, ni manier la lance, ni me servir de mes filets. J'ai dit adieu à la guerre, à la chasse, à tout ! mais il faut que ma mort soit digne de ma vie; et c'est pour cela que j'affronterai ce tigre.

Mon père, avant de combattre, je vous demande votre pardon !

Mon empereur, avant de combattre, je vous demande votre anneau !

— C'est, en effet, la coutume, et le condamné a raison, dit froidement Koural-Mas. Seigneur Ario, remettez-lui l'anneau du pardon.

L'empereur tendit sa main à Djelma prosterné, qui la baisa respectueusement, après quoi celui-ci prit l'anneau et le passa à son doigt en disant :

— Soit vaincu, soit vainqueur, je rendrai tout à l'heure à mon souverain cet anneau auquel une grâce est attachée. Or voici la demande que je compte faire, et qui d'avance m'est accordée :

Pour mon cadavre, si je suis vaincu, un peu de terre.

Pour moi, vainqueur, un nouveau duel !... Et comme cette fois j'aurai le choix de l'adversaire (désignant Koural-Mas), je prendrai celui-ci !...

La foudre tombant au milieu du cirque n'eût pas produit plus d'effet que ces paroles. Tous les assistans furent frappés de stupeur. On se demandait quelle suite serait donnée à ce défi, et si le don de son anneau engageait tellement l'empereur qu'il ne pût se dispenser d'autoriser le duel entre Koural-Mas et Djelma, au cas où celui-ci vaincrait le tigre.

Mais aucun doute n'était possible sur ce point. La coutume ou plutôt la loi était formelle : l'empereur de Java était lié par son serment. Le vainqueur du tigre pouvait tout demander, sûr de tout obtenir.

La rougeur monta au visage de Koural-Mas.

— Accepter le combat avec un esclave !... Jamais.

L'amiral Speelman se réunit à Koural-Mas pour protester que ce duel insensé ne pouvait avoir lieu ;

16.

et que lui, gouverneur, y refusait son consentement.

— Demandez autre chose, ajouta-t-il, en s'adressant à Djelma.

— Autre chose? répéta celui-ci avec un sourire amer... Par le ciel! Koural-Mas a en vous un digne allié, sans compter le tigre, qui vous vaut bien!... Mais qui me répond que ce brave, qui refuse le duel avec un esclave, ne refusera pas encore autre chose?...

— Tout, vous dis-je, hormis cela, reprit Speelman.

Koural-Mas fit un signe d'adhésion.

— Tout? vous me le promettez?

— Je vous le promets, dit Speelman.

— Je te le jure, dit Koural-Mas.

— Ecoutez alors, poursuivit Djelma... Si je sors vivant de cette enceinte, je compte partir pour la récolte de l'upas, où l'on n'envoie que les condamnés à mort; et tu seras du voyage.

Un long frémissement courut dans la foule à ce nouveau défi, plus étrange que le premier.

Koural-Mas seul ne manifesta aucune surprise, et répondit par un sourire d'incrédulité...

Cet homme ne croyait à rien, pas même au poison de Java.

— Refuses-tu encore?

— Je t'ai donné ma parole, et je la tiendrai, dit négligemment Koural-Mas.

—J'y compte. Soyez tous témoins! s'écria Djelma en se tournant vers la foule...

Il baisa une seconde fois la main de l'empereur éperdu; puis il franchit la barrière, et se trouva en présence du tigre.

Il n'avait pas la tête couronné de fleurs et la taille ceinte d'une guirlande de séraja comme les victimes dévouées à ces jeux sanglans. Mais à sa main droite reluisait le manche en ivoire d'un kriss, à lame courte et affilée, tandis qu'à la gauche était attaché un morceau de bois dur garni de pommeaux à chaque extrémité. Ainsi protégé, le bras du lutteur pouvait entrer impunément dans la gueule du tigre.

— Trouna-Jaya ! s'écria Koural-Mas d'une voix moqueuse, te voilà en face d'un ennemi digne de toi !... Attaquez-vous, les deux montagnards ! Celui-ci darde une langue couleur de sang. On dirait qu'il te reconnait. Le beau combat ! Quel qu'il soit, je promets mon amitié au vainqueur !... Allons, Djelma ! le voilà qui s'élance : défends-toi.

En effet, le tigre, après une longue hésitation, venait de se jeter sur Djelma, qui soutint la terrible secousse en parant du bras gauche. Les mâchoires de l'animal, en se rapprochant, n'étreignirent que le bâton aux robustes pommeaux ; ses dents s'y imprimèrent avec furie, et Djelma profita de cet instant pour porter de son kriss un coup rapide dans le ventre haletant de son adversaire. Le tigre, frappé à mort, étendit convulsivement ses pattes velues sur les épaules nues de Djelma, dont le sang jaillit. On entendit un grand rugissement, et tout fut fini. Mille cris, mille fanfares proclamèrent la victoire du chasseur.

Djelma, tout sanglant, vint se prosterner devant Ario, qui, pâle et frissonnant encore du combat, lui tendit la main pour le relever.

— Garde, lui dit-il, garde ces profondes blessures que l'ongle du tigre a creusées sur tes épaules ! ce sont de nobles marques à montrer. Maintenant parle, que veux-tu ? Demande quoi que ce soit, je te l'accorderai.

— Je ne veux aucune grâce, répondit Djelma. Le prince Koural-Mas a promis d'être mon compagnon de route, et j'attends qu'il se lève pour me suivre dans la forêt.

Pour toute réponse, Koural-Mas se leva.

—Où donc allez-vous ainsi ? demanda l'empereur troublé.

—A la conquête de l'upas, à la récolte du poison.

La foule s'ouvrit pour leur faire passage... Ils descendirent ensemble l'escalier du setingel, et furent bientôt hors du palais et de la ville.

XVII

L'UPAS (1).

I.

Il existe à Java un poison célèbre appelé l'upas: poison si corrosif qu'il s'attache à la pointe des flè-

---

(1) Ipo ou upas. C'est le nom de l'arbre qui produit le suc empoisonné dans lequel les indigènes trempent leurs flèches et leurs kriss. Plusieurs auteurs distingués, tels que Hamil-

ches, et que les flèches, ainsi trempées, portent avec elles la peste et la mort. Les habitans de la Malaisie se servent de ces traits empoisonnés à la

---

ton, ont nié l'existence de l'upas, qui cependant ne peut être révoquée en doute : c'est l'arbor toxicaria de Rumphius, appelé antiaris ou antchar, et qui croît dans les provinces orientales de Java, à Bornéo et à Célèbes. Les docteurs Foërsch et Darwin, et d'autres après eux, ont prétendu qu'aucun oiseau n'embellit son feuillage perfide, et que l'affreux boa (ou plutôt le python) même s'enfuit épouvanté à son approche. On trouve dans les mémoires de la société de géographie de Londres, des détails sur la célèbre vallée où croît ce poison, et qu'on appelle Guevo-Upas, val empoisonné. Voici un extrait du rapport d'un voyageur, communiqué à cette société, dans la séance du 28 novembre 1831.

« En approchant de cette vallée, dit le voyageur, nous éprouvâmes de fortes nausées, une sorte d'étourdissement et une odeur suffoquante ; mais, à mesure que nous atteignions ses limites, ces symptômes se dissipèrent, et nous pûmes examiner à notre aise le spectacle qui se déroula devant nos yeux. La vallée peut avoir environ un mille de circonférence ; elle est d'une forme ovale ; sa profondeur est de 50 à 55 pieds. Le fond en est tout-à-fait plat, sec, dépourvu de végétation, et jonché d'ossemens humains et de squelettes de tigres, de sangliers, de cerfs, d'oiseaux, etc., épars au milieu de gros blocs de pierre.

» On ne remarque aucune vapeur quelconque, ni aucune ouverture sur le sol, qui paraît aussi dur et solide que la pierre. Les coteaux escarpés qui environnent cette vallée de désolation sont couverts, depuis le sommet jusque près de leur pied, d'arbres et d'arbrisseaux d'une belle végétation. Avec l'assistance de nos cannes de bambou, nous descendîmes sur les flancs de ces coteaux, jusqu'à environ 18 pieds du fond de la vallée.

» Quand nous fûmes arrivés en cet endroit, nous chassâmes un chien jusqu'au bas du coteau ; en moins de 15 secondes, il tomba sans mouvement, mais respira encore 18 minutes. Un autre chien, chassé de la même manière, tomba au bout de 10 secondes et ne respira que dix minutes. Un poulet ne vécut qu'une minute et demie, et périt même avant d'avoir

guerre et à la chasse. Les combattans se couchent alors à terre comme les épis fauchés. Les singes malfaisans et les écureuils volans tombent des ar-

---

atteint le fond. Devant nous se trouvait un squelette humain que j'aurais bien voulu enlever ; mais c'eût été une insigne folie que de l'essayer.

»Les os dans cette vallée acquièrent la blancheur et l'apparence de l'ivoire. On pense généralement que les squelettes humains sont ceux de malfaiteurs ou de rebelles, qui, poursuivis sur les chemins, sont venus se réfugier et chercher un abri dans ce lieu, ignorant les effets pernicieux de l'air qu'on y respire. Les montagnes qui avoisinent la vallée sont volcaniques ; mais dans la vallée elle-même il n'y a pas la moindre odeur sulfureuse, ni aucune apparence d'éruption volcanique à aucune période. » (*Soc. geog. de Londres.*)

Malheureusement, à la suite de ces détails, qui séduisent l'imagination, notre impartialité nous oblige à en consigner d'autres, qui les combattent et les détruisent en partie. Telle est, par exemple, l'explication que donne M. Domény de Rienzi, dans son ouvrage sur l'Océanie, à l'article Célèbes :

« L'ipo de Célèbes, dit-il, connu à Java, à Bornéo, et généralement sous le nom d'upas, se divise en deux espèces : l'upas-antchar et l'upas-tieuté. Le premier est la gomme d'un grand arbre dont le tronc s'élève quelquefois à plus de cent pieds de haut, et qui appartient à la famille des urticées ; ses fleurs sont unisexuées, et son fruit est une sorte de drupe. Le second (le plus terrible) est celle d'une grande liane. Mêlée à plusieurs ingrédients, tels que le piment, le gingembre, le bangli, le koutji, etc., on en obtient une décoction qu'on laisse sécher. Ensuite les indigènes la placent au fond d'un bambou, et en frottent les flèches qu'ils lancent à leurs ennemis au moyen de sarbacanes. Les émanations de ces végétaux ne sont pas mortelles, comme l'ont affirmé Foërsch et Darwin ; mais il serait dangereux de toucher une partie du corps où il y aurait une incision, avec la liqueur jaunâtre qui en découle. On pourrait comparer l'upas au mancenillier d'Amérique. Les quadrupèdes blessés par les flèches enduites de ce poison meurent, une heure après,

bres avec mille petits cris de douleur. Lorsqu'on veut recueillir ce poison, dont la récolte se fait tous les ans, on réunit plusieurs condamnés à

---

dans d'horribles convulsions, et l'auteur a vu une poule et un singe tomber raides, devenir noirs et mourir en 6 minutes. Mais l'écorce de l'arbre antchar, ipo ou upas, est en elle-même si peu dangereuse, que les plus pauvres habitans de Célèbes et de Bornéo la travaillent et la tissent pour s'en habiller. »

A la description incomplète que donne M. de Rienzi, nous avons cru devoir ajouter la suivante, extraite du Voyage pittoresque autour du monde, de Dumont-Durville.

« La fleur mâle de l'antiar (pohon-upas, espèce de strychnos) a un calice squammeux, imbriqué, point de corolle, plusieurs filamens courts en étamines, et couverts par les écailles du réceptacle, dont la forme conique, oblongue, est un peu arrondie à l'extrémité. La fleur femelle n'a point de corolle ; elle a un seul germe, ovoïde, élevé, deux styles longs, un seul stygmate aigu. Les feuilles sont alternes et oblongues. L'arbor toxicaria est l'un des plus grands végétaux de Java. Sa tige nue, cylindrique et perpendiculaire, s'élève jusqu'à quatre-vingts pieds. L'écorce a un pouce et demi d'épaisseur dans sa partie inférieure ; lorsqu'on y fait une piqûre ou une incision, il en découle une liqueur jaunâtre, qui est le poison, liqueur plus dangereuse au toucher que celle du rhus radicans d'Europe. — Le liber est tellement filamenteux qu'il pourrait remplacer le morus papyrifera.

» L'autre arbre à poison (le tieuté de Leschenault)] est plutôt une liane qu'un arbre. Sa tige grimpe le long des troncs des arbres qui l'avoisinent ; d'un pouce et demi de diamètre et parfaitement cylindrique, elle laisse suinter d'une écorce d'un brun rougeâtre une liqueur âcre et nauséabonde. Cette liqueur est le poison. Les branches terminales sont opposées ; les feuilles sont pinnées en deux ou trois paires, ovales, un peu lancéolées, entières, finissant en pointes : complètement lisses en dessus, elles ont en dessous quelques veines parallèles ; les pétioles sont courts et

mort, et on leur donne à chacun un couteau, un masque de verre et des gants de peau de chevreuil. Puis on leur montre l'orient, et on leur dit : Allez.

Ils partent alors, accompagnés par des hommes armés qui ne les quittent qu'aux limites de la province de Balanbonang, que baigne la mer. Là commence un pays coupé de marais fangeux, où croissent les plantes vénéneuses, où rampent les animaux impurs. Là se roule autour du tronc dépouillé des bambous le boa difforme, dont la gueule ouverte aspire bruyamment des nuées d'insectes. Là se vautre dans la vase l'immonde babiroussa, agitant ses longues jambes avec des grognemens de plaisir. Plus loin, la chaleur du soleil augmente encore, et la végétation diminue : ce ne sont plus, çà et là, que rocs brûlés et nus, que plaines arides et fendillées. Le voyageur n'est pas loin de la Vallée Maudite. S'il s'assied, malheur à lui ! des familles de serpens sortent de dessous la pierre, et lui montent au visage. Il marche donc, il marche

---

recourbés quelquefois. L'upas-tieuté rampe à l'ombre, mais l'antiar couvre tout le voisinage...

» A diverses reprises, des expériences ont été faites sur l'effet des armes empoisonnés au moyen de l'upas. Un chien mourut une heure après avoir été frappé, une souris en dix minutes, un singe en sept minutes, des poules en dix minutes, un buffle énorme en deux heures et dix minutes... »

On nous pardonnera d'avoir, dans l'intérêt de notre récit (dont l'action remonte à 1682), adopté les versions merveilleuses des voyageurs des XVIIe et XVIIIe siècle. Il nous importait de lui conserver cette couleur traditionnelle, qu'on regrette de ne pas trouver entièrement conforme à a vérité.

toujours, accompagné par l'aigre chanson de la cigale; et, vers le soir, lorsque les dragons volans commencent à dessiner sur le ciel pâli mille cercles bizarres, il entrevoit, à quelques pas de lui, un grand escarpement, le sol se dérobe tout-à-coup, et les pierres roulantes du chemin tombent en bondissant dans un abîme. C'est là que s'arrête le voyageur pour assurer les courroies qui attachent son masque de verre. Il invoque Wichnou par tous ses noms, pense à sa mère et à sa sœur, et descend à reculons sur la pente fatale.

La Vallée Maudite s'étend, morne et désolée, sur une longueur de trois jets de pierre, de l'orient à l'occident. Les collines qui l'environnent sont couvertes de petits arbres mal venus, au feuillage pauvre, aux branchages noirs et tortueux. Lorsqu'on arrive au fond de ce bassin, on regarde autour de soi, et l'on se voit séparé du monde entier. Le sol qu'on foule est blanc de craie, uni comme le marbre, et lézardé par endroits comme une vieille muraille. A peine a-t-on fait quelques pas qu'on se heurte contre un amas d'ossemens. C'est là, en effet, que beaucoup sont tombés en allant à la récolte de l'upas. Plusieurs se sont relevés et ont usé le reste de leurs forces pour faire dix pas de plus. Leurs cadavres, gisant de distance en distance, indiquent le chemin aux nouveaux venus.

Cà et là sont tombés aussi des oiseaux au vol rapide, des cerfs et des sangliers frappés de vertige, et dont la fuite s'est ruée vers ces parages dangereux. C'est qu'il n'est rien de plus subtil et de plus mortel que cette vapeur qui remplit en tous temps la vallée empoisonnée. Elle n'obscurcit pas l'air, mais elle le corrompt ; et les oiseaux, frappés au milieu du ciel, se laissent choir, l'aile pendante, sur le sol inhospitalier. Là, le tigre poursuivi s'arrête inquiet, tremblant de tout son corps et la gueule horriblement ouverte, comme pour rugir ; mais un nœud invisible étreint son gosier, et il tombe sur le flanc sans pousser une plainte. Le soleil dévorera ses chairs corrompues, et la lune blanchira ses os.

Au centre de la vallée croît l'arbre maudit dont l'écorce distille l'upas.

C'est là le but, c'est là souvent le terme du voyage. Tel condamné qui, à travers les quartiers de roches et les squelettes épars, est parvenu jusqu'au pied de l'arbre, trouve la mort assise sous ce feuillage redoutable. Il s'affaisse et meurt avant d'avoir pu entailler l'écorce aux sueurs empoisonnées. Tel autre expire après sa récolte faite, et la petite boîte de verre attachée à son cou est un trésor qu'il lègue à ceux qui viendront.

Les entailles faites à l'écorce de l'arbre sont rares, mais les cadavres sont nombreux.

II.

. . . .

Il y a trois jours qu'un oiseau, un frêle lori, voletant de branche en branche, s'aventura follement hors de la forêt natale qui couronne le vaste plateau de Sourakarta. Il était suivi d'une jeune fille, revêtue d'habits étranges, et dont les traits exprimaient le double abattement de l'âme et du corps. Elle s'était livrée confiante au vol capricieux de cet oiseau, espérant que son aile, guidée par un souffle divin, la conduirait peut-être jusqu'à la demeure mystérieuse de l'ami qu'elle cherchait. Mais des reproches mal dissimulés s'élevaient dans sa conscience : une sourde inquiétude la troublait; elle accélérait alors sa marche comme pour échapper au souvenir d'une faute.

Le premier jour, l'oiseau vola sur les branches de l'angsoka, symbole de vie; puis il alla se cacher sous les hautes fougères, où il chanta longtemps; puis il reprit son vol, et alla se percher sur le sommet élevé d'un djati, où l'œil avait peine à l'apercevoir. La jeune fille l'appela plusieurs fois de sa voix harmonieuse; mais l'oiseau partit encore à tire-d'ailes, et s'abattit sur les basses branches d'un latanier, emblème de mort.

A quelques pas de là il y avait un amas de cendres d'où la fumée s'élevait, en tournoyant, à travers les arbres.

Qui donc avait allumé ce feu au milieu des bois? La jeune fille remua du pied les fascines qui brûlaient, et reconnut, au milieu des cendres, des débris de nattes et des piéges de chasseur, et des filets à demi-consumés. Un triste pressentiment la saisit alors; elle leva les yeux vers le latanier, et dit à l'oiseau voyageur :

— Hélas! peut-être est-elle incendiée aussi, la cabane que je cherche! Oh! si sombre que soit ce présage, et quand tu ne devrais t'arrêter que sur son cadavre, achève et reprends ton vol; car, là où il se sera couché pour mourir, je mourrai! Mais, avant de laisser envoler mon âme aux nuages, je veux pleurer sur le corps glacé de mon frère; je veux lui soulever la tête dans la courbure de mes bras, lui essuyer le visage avec ma chevelure, et lui teindre les lèvres avec du siri.

Tandis qu'elle parlait, le ciel se couvrait d'une nuée sombre, et une pluie fine commençait à tomber sur les flammes mourantes du brasier. Le lori eut froid; il secoua ses ailes et prit rapidement son essor, toujours dans la direction de l'est.

— Oui, c'est là que sont les montagnes saintes; c'est là qu'il doit être!...

Ainsi pensa la jeune fille.

Combien de temps dura ce nouveau voyage? combien de piéges cachés sous les feuilles se garnirent au passage des plumes de l'oiseau? combien de ronces ensanglantèrent les pieds nus de l'enfant? Nul ne peut dire ces dangers, nul ne racontera ces fatigues.

Ils arrivèrent tous deux dans les parages de la Vallée Maudite.

Lorsqu'elle découvrit cette vaste cuve au fond de laquelle bouillonne incessamment le poison de Java, chauffé par des flammes souterraines, la jeune fille eut peur; elle recula devant l'abime qui exhalait ses vapeurs mortelles.

L'oiseau, sans hésiter, continua son vol à travers l'espace. Lorsqu'il eut atteint le milieu de la vallée, le mouvement de ses ailes se ralentit tout-à-coup; il tourna, comme aveuglé, au dessus de l'arbre-upas, et tomba raide mort parmi les branches noires.

La jeune fille, en le perdant de vue, se prit à pleurer; car le sol se prolongeait devant elle, jonché de cadavres.

— Hélas! suis-je donc arrivée? Est-ce parmi tous ces corps gisans qu'i me faudra chercher mon frère?..

17.

Elle parlait ainsi, et ne s'apercevait pas que déjà, elle aussi, ses forces l'abandonnaient. Bientôt elle ne marcha plus que sur les genoux, en haletant. Puis elle s'arrêta. Ses yeux se fermèrent ; elle murmura un nom, et tomba les bras étendus en avant et la face contre terre....

III.

Presque en même temps, au-delà de cette ceinture de rochers qui enferme de tous côtés la Vallée Maudite ; dans un de ces étroits défilés qui annoncent, à plusieurs milles à la ronde, l'approche de ce lieu terrible, un vieillard, abandonné, expirait aussi. Mais ce n'était pas la lente agonie du poison qui se peignait sur son visage · le sang coulait de plusieurs blessures qu'il avait reçues à la poitrine.

Ce vieillard se préparait à la mort par la prière. C'était Anderson, que les soldats qui l'accompagnaient venaient d'assassiner.

IV.

Tout-à-coup de lointaines clameurs troublèrent le silence de la Vallée Maudite. Des sons de trompe retentirent d'échos en échos. Plusieurs hommes, revêtus de l'uniforme hollandais, s'avancèrent, ayant à leur tête Koural-Mas, et chassant devant eux Djelma enchaîné.

Oui, après avoir accepté le défi de Djelma,

Koural-Mas était sorti de la ville avec son adversaire; mais les soldats de Speelman n'avaient pas tardé à le rejoindre. Ils arrivèrent ainsi à la lisière d'une forêt. Là, Koural-Mas fit faire halte, et se tournant vers Djelma :

— J'ai promis, lui dit-il avec un ricanement cruel, de t'accompagner dans ce voyage périlleux. Vois si je tiens parole.

On se saisit alors de Djelma, dont on lia les mains.

— Je te suivrai, reprit Koural-Mas, comme le chasseur suit le gibier; et six de ces hommes t'exciteront à coups de lanières, comme un buffle rétif.

Djelma dédaigna cette insulte; il leva seulement les yeux au ciel comme pour le prendre à témoin de la déloyauté de cet homme.

On se remit en route.

Mais, lorsqu'on arriva aux limites de la contrée maudite, les plus hardis de l'escorte s'arrêtèrent. Tous avaient entendu parler de ce pays où l'on n'envoyait que les criminels de lèse-majesté, condamnés à combattre le tigre. Le seul Koural-Mas doutait de ces récits d'enfant. Il riait de l'épouvante de sa suite, et jurait qu'à l'instant même il allait franchir les bornes du Guevo-Upas et descendre dans le gouffre, dût la mort l'attendre au fond.

Sourds à ce défi, les hommes de la suite hochèrent la tête avec incrédulité. Koural-Mas les flétrit alors du nom de lâches, et, déliant les mains de Djelma :

— Toi seul es brave ici; toi seul as du cœur !.. Marchons !

Ils s'engagèrent seuls, Djelma et Koural-Mas, dans l'étroit sentier qui conduisait au fond de la Vallée Maudite. Lorsqu'ils furent descendus, Djelma marcha droit à l'arbre qui porte l'upas, et ramassa à ses pieds une boîte de verre pleine du redoutable poison.

—Voilà, dit-il en se retournant vers son compagnon, voilà qui assurerait l'impunité à tout homme, fût-il vingt fois coupable et vingt fois condamné. Mais pourquoi retournerais-je à Sourakarta?... j'ai ici ma récompense.

En effet, le visage de Koural-Mas, naguère si insultant et si moqueur, s'était couvert d'une pâleur effrayante. Il fit quelques pas, comme étourdi, et chancela. Djelma voulut aller à lui pour le soutenir; mais son pied heurta contre un cadavre...

Miséricorde! il reconnut sur ce corps immobile les vêtemens bariolés de Biadjou-Praho.

Il se baissa pour regarder ce cadavre au visage...

Puissances du ciel! c'était elle! c'était Apsara!

Djelma, éperdu, ne comprit pas, ne chercha pas à comprendre. Il ne jeta qu'un cri, chargea rapidement ce corps sur ses épaules, et remonta en courant le sentier qui serpentait sur les flancs nus de la colline. Il atteignait la crête du rocher lorsque Apsara, qui n'était qu'évanouie, rouvrit les yeux.

Il l'avait arrachée au gouffre dévorant.

V.

Un instant après, tous deux, le frère et la sœur, étaient agenouillés auprès d'Anderson expirant. La providence avait voulu donner cette suprême consolation au saint missionnaire, de pouvoir embrasser et bénir une fois encore, avant de mourir, les deux enfans de son adoption La douleur de ceux-ci ne peut se dépeindre. Echappés par miracle à la mort, ils retrouvaient la mort sur les traits de cet homme vénérable dont ils avaient compris les vertus à la douceur inaltérable de ses conseils, à la persévérance de son dévouement. Djelma surtout avait appris à connaître la sublimité de cette âme vraiment chrétienne. Depuis cette nuit de massacre où, tout enfant, il avait été sauvé par la courageuse piété du vieillard, jusqu'à cette heure lamentable où le bon missionnaire mourait assassiné pour avoir refusé de conduire les persécuteurs jusqu'à la retraite de son fils adoptif (car c'était ainsi); depuis le premier dévouement jusqu'à celui-ci, quel enchaînement de nobles vertus, de tendresses presque divines, de sacrifices et d'abnégations de toutes sortes ! Ces souvenirs revinrent en foule à la mémoire de Djelma, qui avait la mémoire bonne, car elle était toute dans son cœur. Il s'attendrit en pensant que pas un jour ne s'était écoulé sans lui apporter une nouvelle preuve de la paternelle sollicitude d'Anderson. Oh ! comment reconnaîtra-t-il ce long bienfait de toute une vie rendue si féconde par la charité ? comment consolera-t-il cette mort, que l'isolement avait failli rendre si douloureuse ? De quels mots se servira-t-il, de quels sanglots, de quelles larmes, pour exprimer à son bienfaiteur les déchiremens de regrets qu'il éprouve !

Tous deux étaient donc agenouillés avec la même pensée dans le cœur, et n'osant se dire cette pensée, lorsque le bon missionnaire, qui sentait la mort venir, prit le bras de Djelma, dont il releva la manche jusqu'à l'épaule. Cela fait, il attira doucement ce bras jusqu'à ses lèvres, et effleura d'un baiser cette croix qu'il avait tracée là trente années auparavant...

Djelma, qui d'abord n'avait pas compris l'intention du vieillard, sentit son cœur se fondre à cette action qui lui rappelait à la fois tout le passé. Il se souvint des exhortations du saint homme au bord de la mer, de ces paroles douces et graves, premières tentatives de conversion, qu'il avait repoussées alors, et qui maintenant acquéraient tant d'autorité par le souvenir et par la vue de cette pieuse victime expirante. Cette pensée fut un éclair de révélation pour Djelma, qui se sentit pénétré à l'instant d'une foi toute nouvelle. Ce que n'avaient pu faire tant d'années, cette minute solennelle l'accomplit; ce que la vie tout entière d'Anderson n'avait pu obtenir, sa mort l'obtint. Abjurant dans son âme le culte de ces dieux imposteurs qui ne l'avaient, aux mauvais jours, ni secouru ni consolé, Djelma ressentit une joie immense de pouvoir dire au bon missionnaire, qui n'attendait que ce mot pour mourir :

— Mon père! mon père!... JE SUIS CHRÉTIEN.

CONCLUSION.

De retour à Sourakarta, Djelma et sa sœur furent salués d'acclamations unanimes. La joie rentra dans le cœur d'Ario, le bonheur reparut sur son visage à la vue de ces deux enfans qu'il croyait morts, et que la protection divine lui avait conservés. Ce double élan de tendresse paternelle reçut même, on doit le dire, l'adhésion sympathique de Speelman, dont les préférences politiques devenaient maintenant sans objet, puisque Koural-Mas n'était plus là pour en recueillir les avantages. C'était bien à Djelma qu'appartenait désormais ce titre, si long-temps contesté, d'héritier de l'empire. L'île tout entière applaudit à cet événement, qui assurait, du moins pour quelques années, le maintien de la tranquillité publique; et, si la paix générale y gagna quelque chose, on peut ajouter que la Hollande n'y perdit rien.

La parole que Djelma avait adressée au vieillard expirant, et qui annonçait qu'une conviction nouvelle était enfin descendue dans son cœur, cette parole était sincère, et nous devons dire qu'il la fidèlement tenue. Cette noble intelligence une fois touchée par le rayon de grâce qui visita saint Paul, rechercha l'enseignement chrétien avec avidité, et demanda aux saints Evangiles les lumières qui devaient compléter le mérite de sa conversion. La sœur suivit de près le frère dans cette voie lumineuse qui lui était montrée, et qui devait la conduire à Dieu.

Si la turbulence des événemens qui succédèrent empêcha Djelma de propager autour de lui cette foi catholique qui lui avait été si miraculeusement révélée, les efforts louables qu'il tenta dans ce but doivent lui être comptés. Nous sommes même autorisés à penser, d'après le rapport de quelques voyageurs, que ces efforts n'ont pas été totalement perdus, et qu'une des tribus montagnardes de l'île a suivi l'exemple de son ancien chef, en adjurant l'erreur pour la vérité.

Quant à notre bouffon, quant à Biadjou-Praho, nature mixte, tout à la fois loyale et perverse, dont on ne peut dire rien, sinon que le bon prêtre Anderson, à travers les irrégularités de cette pauvre enveloppe, avait cru reconnaître une conscience; quant à ce malheureux, nulle recherche n'a pu le faire découvrir. Il est probable que, bourrelé de remords, dévoré de honte, et redoutant d'ailleurs les terribles menaces de Koural-Mas, il n'a pas même attendu, ou qu'il a ignoré la mort de ce dernier; et que cherchant dans la fuite l'impunité de sa coupable action, il s'est embarqué pour les terres éloignées, à la suite de quelque nomade troupe de bateleurs.

FIN.

TABLE DES MATIÈRES.

Chap. Ier. — Madjapahit, 7
II. — Coup-d'œil historique, 21
III. — Les Exilés, 39
IV. — Le Missionnaire et le Proscrit, 57
V. — Le Message, 81
VI. — En route. — Première journée, 99
VII. — En route. — Deuxième journée, 113
VIII. — En route. — Suite, 135
IX. — La Maison de prêt, 149
X. — Comment Biadjou, au lieu de deux chevaux qu'il cherchait, trouva deux hommes qu'il ne cherchait pas, 177

XI.	— Les Obsèques,	193
XII.	— Nouveau règne,	215
XIII.	— Le Frère et la Sœur,	237
XIV.	— La Fuite,	241
XV.	— Le Voile,	255
XVI.	— Le combat du Tigre,	267
XVII.	— L'Upas,	285
	Conclusion,	299

FIN DE LA TABLE.

LIMOGES.—IMPRIMERIE DE BARBOU FRÈRES.

www.ingramcontent.com/pod-product-compliance
Lightning Source LLC
Chambersburg PA
CBHW071343150426
43191CB00007B/828